ÉNIGMES

A Jules Supervielle.

Ceux-là savaient ce que c'est que d'attendre. J'en ai connu un, et d'autres l'ont connu, qui attendait. Il s'était mis dans un trou et il attendait.

Si toi-même tu cherchais un trou pour quelque usage, mieux valait, crois-moi, chercher ailleurs un autre trou, ou bien à ses côtés t'asseoir, fumant les longues pipes de la patience.

Car il ne bougeait point de là.

On lui jetait des pierres, et il les mangeait.

Il avait l'air étonné, puis il les mangeait. Il demeurait ainsi pendant le sommeil et pendant l'éveil, plus que la vie d'un préjugé, plus qu'un cèdre, plus que les psaumes qui chantent les cèdres abattus; il attendait ainsi, toujours diminuant jusqu'à n'être plus que l'orteil de lui-même.

◇

Je formais avec de la mie de pain une petite bête, une sorte de souris. Comme j'achevais à peine sa troisième patte, voilà qu'elle se met à courir... Elle s'est enfuie à la faveur de la nuit.

RÉVÉLATIONS

Sur l'homme qui s'est jeté du soixante-deuxième étage de Kree-Kastel, à Broadway, et qui s'appelait Benson.

Il est mort de saisissement!

C'était un lâche. Au moment que déjà il tombait, seulement alors il eut peur, en voyant l'énorme espace au-dessous de lui. Le corps seul tombe. Lui, Benson, se retient, reste sur place à peu près à la hauteur du cinquante-neuvième étage ou entre le cinquante-neuvième et le soixantième et regarde le corps qui descend, descend, est descendu et atterrit en morceaux. Alors, lentement, Benson (l'âme de Benson) commence à descendre, voit son corps de près et qu'il n'est plus habitable; il se met à regarder l'attroupement d'un air gêné, le policeman qui écrit sur son calepin et les personnes qui s'en vont avec une histoire de plus à raconter chez eux, ce soir-là.

Oui, Benson est un lâche. Mais il faut une incroyable force de volonté quand on tombe pour demeurer dans son corps, malgré le prochain écrasement des tissus.

Oh! Une prodigieuse force de volonté.

Parfois aussi la chute s'est produite seulement du troisième étage et le corps est moins endommagé.

Le médecin procède à la respiration artificielle et se dit qu'il le raura à la vie, ce bougre de client; qu'il le raura! Mais l'âme s'est déjà éloignée et c'est exactement comme s'il essayait de faire respirer une gabardine.

Il arrive aussi que l'âme regrette sa lâcheté. Elle est à rôder autour du corps, le juge en état encore satisfaisant, s'y glisse, essaye rapidement différentes positions de concordance, enfin se cale dans le corps qui respire aussitôt. Et le médecin sourit en s'épongeant.

GLU ET GLI

et glo
et glu
et déglutit sa bru
gli et glo
et déglutit son pied
glu et gli
et s'englugliglolera

les glous glous
les sales rats
tape dans le tas!
il n'y a que le premier pas!
il n'y a que ça!
dans le tas!

le rire est dans ma...
un pleur est dans mon...
et le mal Dieu sait où
on en est tous là
vous êtes l'ordure de la terre
si l'ordure vient à se salir
qu'est-ce qui adviendra!

Est dangereuse qu'ils disent, pour le cœur, pour la respiration, pour l'estomac
Et pour le corps tout entier de l'étranger.

Trapus, brachycéphales, à petits pas,
Lourdement chargés marchent les Indiens dans cette ville, collée dans un cratère de nuages.
Où va-t-il, ce pèlerinage voûté?
Il se croise et s'entrecroise et monte; rien de plus : c'est la vie quotidienne.
Quito et ses montagnes.
Elles tombent sur lui, puis s'étonnent, se retiennent, calment leurs langues! c'est chemin; sur ce, on les pave.
Nous fumons tous ici l'opium de la grande altitude, voix basse, petit pas, petit souffle.
Peu se disputent les chiens, peu les enfants, peu rient.

LA CORDILLERA DE LOS ANDES

La première impression est terrible et proche du désespoir.
L'horizon d'abord disparaît.
Les nuages ne sont pas tous plus hauts que nous.
Infiniment et sans accidents, ce sont, où nous sommes,
Les hauts plateaux des Andes qui s'étendent, qui s'étendent.

Le sol est noir et sans accueil.
Un sol venu du dedans.
Il ne s'intéresse pas aux plantes.
C'est une terre volcanique.
Nu! et les maisons noires par-dessus,
Lui laissent tout son nu;
Le nu noir du mauvais.

Qui n'aime pas les nuages,
Qu'il ne vienne pas à l'Équateur.
Ce sont les chiens fidèles de la montagne,
Grands chiens fidèles;
Couronnent hautement l'horizon;
L'altitude du lieu est de 3.000 mètres, qu'ils disent,

ECUADOR

(1929)

n'auront aucune technique, mais un imperturbable appétit.

Quant à vous, les illuminés, représentez-vous que cela ne durera pas toujours, un illuminé n'en prend pas son saoul à chaque époque — celle-là sera la bonne — on vous adorera avec délire, on vous suivra aveuglément.

Enfin! Enfin!

Mais que cela finisse vite. Je le dis pour votre bien, un illuminé ne peut durer longtemps. Un illuminé se mange lui-même la moelle, et la satisfaction n'est pas votre affaire. Vous verrez d'ailleurs comme cela finira. Les sons rentreront dans l'orgue et l'avenir s'invaginera dans le Passé comme il a toujours fait.

Il faudra être équipé à la minute, être rempli aussitôt de sang frais, prendre sa besace sur la route et ne pas saigner des pieds.

Il y aura des agences de renseignements, d'explications, de bavardages. Vous marcherez, les oreilles bouchées sauf à votre fin qui est d'aller et d'aller et vous ne le regretterez pas — je parle pour celui qui ira le plus loin et c'est toujours la corde raide, de plus en plus fine, plus fine, plus fine. Qui se retourne, se casse les os et tombe dans le Passé. Celui qui regretterait, aurait, s'il n'avait pas marché, regretté bien davantage.

Pauvres gens, ceux qui seront arrêtés par les tournants, pauvres gens, et il y en aura, des pauvres gens et des tournants.

Ils étaient pauvres gens en naissant, furent pauvres gens en mourant, sont à la merci d'un tournant.

Il ne faudra pas crier non plus, la mêlée sera déjà assez intense. On ne se reconnaîtra pas, c'est pourquoi encore il faudra être pressé d'en sortir et d'aller de l'avant.

Malheur à ceux qui s'occuperont à couper des cheveux en quatre, c'est rarement bon, c'est profondément à déconseiller dans les bagarres.

Malheur à ceux qui s'attarderont à quatre pour une belote, ou à deux pour la mielleuse jouissance d'amour qui les fatiguera plus vite que les autres.

Malheur, malheur!

Ce sera atroce pour les gens qui s'apercevront qu'ils auraient dû se tenir le cœur en état et c'est trop tard.

Pour ceux qui aiment voir souffrir, il y aura du spectacle, allez, mais l'époque ne sera pas aux voyeurs, plutôt aux accélérés, aux sans famille, à ceux qui s'obstine, et les pleurs ne viennent jamais que le travail une fois fini, et les genres littéraires sont des ennemis qui ne vous ratent pas, si vous les avez ratés au premier coup.

Il faut toujours être en défiance, Messieurs, toujours pressé d'en finir, le jurer et remettre son serment en chantier tous les jours, ne pas se permettre un coup de respiration pour le plaisir, utiliser tous ses battements de cœur à ce qu'on fait, car celui qui a battu pour sa diversion mettra le désordre dans les milliers qui suivront.

La vie est courte, mes petits agneaux.

Elle est encore beaucoup trop longue, mes petits agneaux.

Vous en serez embarrassés, mes très petits.

On vous en débarrassera, mes trop petits.

On n'est pas tous nés pour être prophètes
Mais beaucoup sont nés pour être tondus.
On n'est pas tous nés pour ouvrir les fenêtres
Mais beaucoup sont nés pour être asphyxiés.
On n'est pas tous nés pour voir clair
Mais beaucoup sont nés pour être dupes.
On n'est pas tous nés pour être civils
Mais beaucoup sont nés pour avoir les épaules rentrées... et cætera, celui qui ne sait pas sa catégorie la verra bien dans l'avenir, il y entrera comme un poisson dans l'eau. Il n'y aura pas vingt choix. On ne sortira ni ses cartes de visite, ni sa boîte à titres. On se rangera avec célérité dans son groupe qui piétine d'impatience.

Malheur à celui qui se décidera trop tard.

Malheur à celui qui voudra prévenir sa femme.

Malheur à celui qui ira aux provisions.

L'ÉPOQUE DES ILLUMINÉS

Quand le crayon qui est un faux frère ne sera plus un faux frère.

Quand le plus pauvre en aura plein la bouche, d'éclats et de vérité.

Quand les autos seront enterrées pour toujours sur les bords de la route.

Quand ce qui est incroyable sera regardé comme une vérité de l'ordre de « 2 et 2 font 4 ».

Quand les animaux feront taire les hommes par leur jacasserie mieux comprise et inégalable.

Quand l'imprimerie et ses succédanés ne seront plus qu'une drôlerie, comme la quenouille ou la monnaie d'Auguste l'Empereur.

Quand aura passé la grande éponge, eh bien! sans doute que je n'y serai plus, c'est pourquoi j'y prends plaisir maintenant et si j'arrête cette énumération, vous pouvez la continuer.

Il ne faut pas se mettre en bras de chemise pour rompre une allumette, et le poteau indicateur reste dans son rôle en ne faisant jamais la route lui-même, et la vie est précieuse à qui en a déjà perdu 26 ans, et les cheveux tombent rapidement d'une tête qui

CAILLOU COURANT

Caillou courant qui va sur la route
concassant concassé
jusqu'au concassage au-delà duquel il n'y a plus que matière à micrométrie
et marque narque
nerfs sautés
comme une couverture de barbelés
en jet dans la faconde où tout bombe et tout bombe
marque boise et mal éteint mal poli
la finasserie d'accord avec la bondieuserie et le commerce de tripes de ficelle et d'huile lourde
plus outre la cabale
les soutanes les pédales et ces nez pâles qui font la foule des hurleurs.

Foin de tout
ma partie de reins dit « sang » à ma partie haute et rue à tout ce qui n'est pas injures et viande fraîche
ce n'est pas en semant qu'on devient forgeron
et mort aux éponges!
On a besoin d'affirmations.

LE GRAND COMBAT

A R.-M. Hermant.

Il l'emparouille et l'endosque contre terre;
Il le rague et le roupète jusqu'à son drâle;
Il le pratèle et le libucque et lui barufle les ouillais;
Il le tocarde et le marmine,
Le manage rape à ri et ripe à ra.
Enfin il l'écorcobalisse.

L'autre hésite, s'espudrine, se défaisse, se torse et se ruine.
C'en sera bientôt fini de lui;
Il se reprise et s'emmargine... mais en vain
Le cerceau tombe qui a tant roulé.
Abrah! Abrah! Abrah!
Le pied a failli!
Le bras a cassé!
Le sang a coulé!
Fouille, fouille, fouille,
Dans la marmite de son ventre est un grand secret
Mégères alentour qui pleurez dans vos mouchoirs;
On s'étonne, on s'étonne, on s'étonne
Et on vous regarde
On cherche aussi, nous autres, le Grand Secret.

l'ordure n'est pas faite pour la démonstration
un homme qui n'aurait que son pet pour s'exprimer...
pas de rire
pas d'ordure
pas de turlururu
et pas se relire surtout Messieurs les écrivains
Ah! que je te hais Boileau
Boiteux, Boignetière, Boiloux, Boigermain,
Boirops, Boitel, Boivéry,
Boicamille,
Boit de travers
Bois ça.

SOUVENIRS

Semblable à la nature, semblable à la nature, semblable à la nature,
A la nature, à la nature, à la nature,
Semblable au duvet,
Semblable à la pensée,
Et semblable aussi en quelque manière au Globe de la terre,
Semblable à l'erreur, à la douceur et à la cruauté,
A ce qui n'est pas vrai, n'arrête pas, à la tête d'un clou enfoncé,
Au sommeil qui vous reprend d'autant plus qu'on s'est occupé ailleurs,
A une chanson en langue étrangère,
A une dent qui souffre et reste vigilante,
A l'araucaria qui étend ses branches dans un patio,
Et qui forme son harmonie sans présenter ses comptes et ne fait pas le critique d'art,
A la poussière qu'il y a en été, à un malade qui tremble,
A l'œil qui perd une larme et se lave ainsi,
A des nuages qui se superposent, rétrécissent l'horizon mais font penser au ciel,

Aux lueurs d'une gare la nuit, quand on arrive, quand on ne sait pas s'il y aura encore des trains,
Au mot Hindou, pour celui qui n'alla jamais où l'on en trouve dans toutes les rues,
A ce qu'on raconte de la mort,
A une voile dans le Pacifique,
A une poule sous une feuille de bananier, une après-midi qu'il pleut,
A la caresse d'une grande fatigue, à une promesse à longue échéance,
Au mouvement qu'il y a dans un nid de fourmis,
A une aile de condor quand l'autre aile est déjà au versant opposé de la montagne,
A des mélanges,
A la moelle en même temps qu'au mensonge,
A un jeune bambou en même temps qu'au tigre, qui écrase le jeune bambou.
Semblable à moi enfin,
Et plus encore à ce qui n'est pas moi.
By, toi qui étais ma By...

NAUSÉE OU C'EST LA MORT QUI VIENT ?

27 avril.

Rends-toi, mon cœur.
Nous avons assez lutté.
Et que ma vie s'arrête.
On n'a pas été des lâches,
On a fait ce qu'on a pu.

Oh! mon âme,
Tu pars ou tu restes,
Il faut te décider.
Ne me tâte pas ainsi les organes,
Tantôt avec attention, tantôt avec égarement,
Tu pars ou tu restes,
Il faut te décider.

Moi, je n'en peux plus.

Seigneurs de la Mort
Je ne vous ai ni blasphémés ni applaudis.
Ayez pitié de moi, voyageur déjà de tant de voyages
sans valises,

Sans maître non plus, sans richesse et la gloire s'en fut ailleurs,
Vous êtes puissants assurément et drôles par-dessus tout,
Ayez pitié de cet homme affolé qui avant de franchir la barrière vous crie déjà son nom,
Prenez-le au vol,
Qu'il se fasse, s'il se peut, à vos tempéraments et à vos mœurs,
Et s'il vous plaît de l'aider, aidez-le, je vous prie.

MES PROPRIÉTÉS

(1929)

UNE VIE DE CHIEN

Je me couche toujours très tôt et fourbu, cependant on ne relève aucun travail fatigant dans ma journée.

Possible qu'on ne relève rien.

Mais moi, ce qui m'étonne, c'est que je puisse tenir bon jusqu'au soir, et que je ne sois pas obligé d'aller me coucher dès les quatre heures de l'après-midi.

Ce qui me fatigue ainsi, ce sont mes interventions continuelles.

J'ai déjà dit que dans la rue je me battais avec tout le monde; je gifle l'un, je prends les seins aux femmes, et me servant de mon pied comme d'un tentacule, je mets la panique dans les voitures du Métropolitain.

Quant aux livres, ils me harassent par-dessus tout. Je ne laisse pas un mot dans son sens ni même dans sa forme.

Je l'attrape et, après quelques efforts, je le déracine et le détourne définitivement du troupeau de l'auteur.

Dans un chapitre vous avez tout de suite des milliers de phrases et il faut que je les sabote toutes. Cela m'est nécessaire.

Parfois, certains mots restent comme des tours. Je dois m'y prendre à plusieurs reprises et, déjà bien avant dans mes dévastations, tout à coup au détour d'une idée, je revois cette tour. Je ne l'avais donc pas assez abattue, je dois revenir en arrière et lui trouver son poison et je passe ainsi un temps interminable.

Et le livre lu en entier, je me lamente, car je n'ai rien compris... naturellement. N'ai pu me grossir de rien. Je reste maigre et sec.

Je pensais, n'est-ce pas, que quand j'aurais tout détruit, j'aurais de l'équilibre. Possible. Mais cela tarde, cela tarde bien.

MES OCCUPATIONS

Je peux rarement voir quelqu'un sans le battre. D'autres préfèrent le monologue intérieur. Moi, non. J'aime mieux battre.

Il y a des gens qui s'assoient en face de moi au restaurant et ne disent rien, ils restent un certain temps, car ils ont décidé de manger.

En voici un.

Je te l'agrippe, toc.

Je te le ragrippe, toc.

Je le pends au portemanteau.

Je le décroche.

Je le repends.

Je le redécroche.

Je le mets sur la table, je le tasse et l'étouffe.

Je le salis, je l'inonde.

Il revit.

Je le rince, je l'étire (je commence à m'énerver, il faut en finir), je le masse, je le serre, je le résume et l'introduis dans mon verre, et jette ostensiblement le contenu par terre, et dis au garçon : « Mettez-moi donc un verre plus propre. »

Mais je me sens mal, je règle promptement l'addition et je m'en vais.

LA SIMPLICITÉ

Ce qui a manqué surtout à ma vie jusqu'à présent, c'est la simplicité. Je commence à changer petit à petit.

Par exemple, maintenant, je sors toujours avec mon lit, et quand une femme me plaît, je la prends et couche avec aussitôt.

Si ses oreilles sont laides et grandes ou son nez, je les lui enlève avec ses vêtements et les mets sous le lit, qu'elle retrouve en partant; je ne garde que ce qui me plaît.

Si ses dessous gagneraient à être changés, je les change aussitôt. Ce sera mon cadeau. Si cependant je vois une autre femme plus plaisante qui passe, je m'excuse auprès de la première et la fais disparaître immédiatement.

Des personnes qui me connaissent prétendent que je ne suis pas capable de faire ce que je dis là, que je n'ai pas assez de tempérament. Je le croyais aussi, mais cela venait de ce que je ne faisais pas tout *comme il me plaisait.*

Maintenant, j'ai toujours de bonnes après-midi. (Le matin, je travaille.)

LA PARESSE

L'âme adore nager.

Pour nager on s'étend sur le ventre. L'âme se déboîte et s'en va. Elle s'en va en nageant. (Si votre âme s'en va quand vous êtes debout, ou assis, ou les genoux ployés, ou les coudes, pour chaque position corporelle différente l'âme partira avec une démarche et une forme différentes, c'est ce que j'établirai plus tard.)

On parle souvent de voler. Ce n'est pas ça. C'est nager qu'elle fait. Et elle nage comme les serpents et les anguilles, jamais autrement.

Quantité de personnes ont ainsi une âme qui adore nager. On les appelle vulgairement des paresseux. Quand l'âme quitte le corps par le ventre pour nager, il se produit une telle libération de je ne sais quoi, c'est un abandon, une jouissance, un relâchement si intime...

L'âme s'en va nager dans la cage de l'escalier ou dans la rue suivant la timidité ou l'audace de l'homme, car toujours elle garde un fil d'elle à lui, et si ce fil se rompait (il est parfois très ténu, mais c'est une force effroyable qu'il faudrait pour rompre le fil) ce serait terrible pour eux (pour elle et pour lui).

Quand donc elle se trouve occupée à nager au loin, par ce simple fil qui lie l'homme à l'âme s'écoulent des volumes et des volumes d'une sorte de matière spirituelle, comme de la boue, comme du mercure, ou comme un gaz — jouissance sans fin.

C'est pourquoi le paresseux est indécrottable. Il ne changera jamais. C'est pourquoi aussi la paresse est la mère de tous les vices. Car qu'est-ce qui est plus égoïste que la paresse?

Elle a des fondements que l'orgueil n'a pas.

Mais les gens s'acharnent sur les paresseux.

Tandis qu'ils sont couchés, on les frappe, on leur jette de l'eau fraîche sur la tête, ils doivent vivement ramener leur âme. Ils vous regardent alors avec ce regard de haine, que l'on connaît bien, et qui se voit surtout chez les enfants.

UN HOMME PRUDENT

Il croyait avoir dans l'abdomen un dépôt de chaux. Il allait tous les jours trouver les médecins qui lui disaient : « L'analyse des urines ne révèle rien », ou qu'il était plutôt même sur le chemin d'une décalcification, ou qu'il fumait trop, que ses nerfs avaient besoin de repos, que... que... que.

Il cessa ses visites et resta avec son dépôt.

La chaux est friable, mais pas toujours. Il y a les carbonates, les sulfates, les chlorates, les perchlorates, d'autres sels, et c'est naturel, dans un dépôt il faut s'attendre à trouver un peu de tout. Or, le canal de l'urètre, tout ce qui est liquide, oui, mais les cristaux il ne les laisse passer qu'avec un mal de chien. Il ne faut pas non plus respirer trop fort ou accélérer brusquement la circulation en courant comme un fou après le tramway. Que le bloc se désagrège et qu'un morceau entre dans le sang, adieu Paris!

Dans l'abdomen, il y a quantité d'artérioles, d'artères, et de veines principales, le cœur, l'aorte et plusieurs organes importants. C'est pourquoi se plier serait une folie; et aller à cheval, qui y songerait?

Quelle prudence il faut dans la vie!

Il songeait souvent au nombre de personnes qui ont ainsi des dépôts en eux, l'un de chaux, l'autre de plomb, l'autre de fer (et l'on extrayait encore dernièrement une balle du cœur de quelqu'un qui n'avait jamais connu la guerre). Ces personnes marchent avec prudence. C'est ce qui les signale au public, qui en rit.

Mais eux s'en vont prudents, prudents, à pas prudents, méditant sur la Nature, qui a tant, qui a tant de mystères.

MES PROPRIÉTÉS

Dans mes propriétés tout est plat, rien ne bouge; et s'il y a une forme ici ou là, d'où vient donc la lumière? Nulle ombre.

Parfois, quand j'ai le temps, j'observe, retenant ma respiration; à l'affût; et si je vois quelque chose émerger, je pars comme une balle et saute sur les lieux, mais la tête, car c'est le plus souvent une tête, rentre dans le marais; je puise vivement, c'est de la boue, de la boue tout à fait ordinaire ou du sable, du sable...

Ça ne s'ouvre pas non plus sur un beau ciel. Quoiqu'il n'y ait rien au-dessus, semble-t-il, il faut y marcher courbé comme dans un tunnel bas.

Ces propriétés sont mes seules propriétés et j'y habite depuis mon enfance et je puis dire que bien peu en possèdent de plus pauvres.

Souvent je voulus y disposer de belles avenues, je ferais un grand parc...

Ce n'est pas que j'aime les parcs, mais... tout de même.

D'autres fois (c'est une manie chez moi, inlassable et qui repousse après tous les échecs), je vois dans la vie extérieure ou dans un livre illustré un animal qui me plaît, une aigrette blanche par exemple, et je me dis : ça, ça ferait bien dans mes propriétés et puis ça pourrait se multiplier, et je prends force notes et je m'informe de tout ce qui constitue la vie de l'animal. Ma documentation devient de plus en plus vaste. Mais quand j'essaie de le transporter dans ma propriété, il lui manque toujours quelques organes essentiels. Je me débats. Je pressens déjà que ça n'aboutira pas cette fois non plus; et quant à se multiplier, sur mes propriétés on ne se multiplie pas, je ne le sais que trop. Je m'occupe de la nourriture du nouvel arrivé, de son air, je lui plante des arbres, je sème de la verdure mais telles sont mes détestables propriétés, que si je tourne les yeux, ou qu'on m'appelle dehors un instant, quand je reviens, il n'y a plus rien, ou seulement une certaine couche de cendre qui, à la rigueur, révélerait un dernier brin de mousse roussi... à la rigueur.

Et si je m'obstine, ce n'est pas bêtise.

C'est parce que je suis condamné à vivre dans mes propriétés et qu'il faut bien que j'en fasse quelque chose.

Je vais bientôt avoir trente ans, et je n'ai encore rien; naturellement je m'énerve.

J'arrive bien à former un objet, ou un être, ou un fragment. Par exemple, une branche ou une dent, ou mille branches et mille dents. Mais où les mettre? Il y a des gens qui sans effort réussissent des massifs, des foules, des ensembles.

Moi, non. Mille dents oui, cent mille dents oui, et certains jours dans ma propriété j'ai là cent mille crayons, mais que faire dans un champ avec cent mille crayons? Ce n'est pas approprié, ou alors mettons cent mille dessinateurs.

Bien, mais tandis que je travaille à former un dessinateur (et quand j'en ai un, j'en ai cent mille), voilà mes cent mille crayons qui ont disparu.

Et si, pour la dent, je prépare une mâchoire, un appareil de digestion et d'excrétion, sitôt l'enveloppe en état, quand j'en suis à mettre le pancréas et le foie (car je travaille toujours méthodiquement), voilà les dents parties, et bientôt la mâchoire aussi, et puis le foie, et quand je suis à l'anus, il n'y a plus que l'anus, ça me dégoûte, car s'il faut revenir par le côlon, l'intestin grêle et de nouveau la vésicule biliaire, et de nouveau tout le reste, alors non.

Devant et derrière ça s'éclipse aussitôt, ça ne peut pas attendre un instant.

Or, je ne peux faire d'un seul coup de baguette des animaux entiers; moi, je procède méthodiquement; autrement impossible.

C'est pour ça que mes propriétés sont toujours absolument dénuées de tout, à l'exception d'un être, ou d'une série d'êtres, ce qui ne fait d'ailleurs que renforcer la pauvreté générale, et mettre une réclame monstrueuse et insupportable à la désolation générale.

Alors je supprime tout et il n'y a plus que les marais, sans rien d'autre, des marais qui sont ma propriété et qui veulent me désespérer.

Et si je m'entête, je ne sais vraiment pas pourquoi.

Mais parfois ça s'anime, de la vie grouille. C'est visible, c'est certain. J'avais toujours pressenti qu'il y avait quelque chose en lui, je me sens plein d'entrain. Mais voici que vient une femme du dehors; et me criblant de plaisirs innombrables, mais si rapprochés que ce n'est qu'un instant, et m'emportant en ce même instant, dans beaucoup, beaucoup de fois le tour du monde... (Moi, de mon côté, je n'ai pas osé la prier de visiter mes propriétés dans l'état de pauvreté où elles sont, de quasi-inexistence.) Bien! d'autre part, promptement harassé donc de tant de voyages où je ne comprends rien, et qui ne furent qu'un parfum, je me sauve d'elle, maudissant les femmes une fois de plus, et complètement perdu sur la planète, je pleure après mes propriétés qui ne sont rien, mais qui représentent quand même du terrain familier, et ne me donnent pas cette impression d'*absurde* que je trouve partout.

Je passe des semaines à la recherche de mon terrain, humilié, seul; on peut m'injurier comme on veut dans ces moments-là.

Je me soutiens grâce à cette conviction qu'il n'est pas possible que je ne retrouve pas mon terrain et, en effet, un jour, un peu plus tôt, un peu plus tard, le revoilà!

Quel bonheur de se retrouver sur son terrain! Ça vous a un air que vraiment n'a aucun autre. Il y a bien quelques changements, il me semble qu'il est un peu plus incliné, ou plus humide, mais le grain de la terre, c'est le même grain.

Il se peut qu'il n'y ait jamais d'abondantes récoltes. Mais, ce grain, que voulez-vous, il me parle. Si pourtant, j'approche, il se confond dans la masse — masse de petits halos.

N'importe, c'est nettement *mon terrain*. Je ne peux pas expliquer ça, mais le confondre avec un autre, ce serait comme si je me confondais avec un autre, ce n'est pas possible.

Il y a mon terrain et moi; puis il y a l'étranger.

Il y a des gens qui ont des propriétés magnifiques et je les envie. Ils voient quelque chose ailleurs qui leur plaît. Bien, disent-ils, ce sera pour ma propriété. Sitôt dit, sitôt fait, voilà la chose dans leur propriété. Comment s'effectue le passage? Je ne sais. Depuis leur tout jeune âge, exercés à amasser, à acquérir, ils ne peuvent voir un objet sans le planter immédiatement chez eux, et cela se fait machinalement.

On ne peut même pas dire cupidité, on dira réflexe.

Plusieurs s'en doutent à peine. Ils ont des propriétés magnifiques qu'ils entretiennent par l'exercice constant de leur intelligence et de leurs capacités extraordinaires, et ils ne s'en doutent pas. Mais si vous avez besoin d'une plante, si peu commune soit-elle, ou d'un vieux carrosse comme en usait Joan V de Portugal, ils s'absentent un instant et vous rapportent aussitôt ce que vous avez demandé.

Ceux qui sont habiles en psychologie, j'entends, pas la livresque, auront peut-être remarqué que j'ai menti. J'ai dit que mes propriétés étaient du terrain, or cela n'a pas toujours été. Cela est au contraire fort récent, quoique cela me paraisse tellement ancien, et gros de plusieurs vies même.

J'essaie de me rappeler exactement ce qu'elles étaient autrefois.

Elles étaient tourbillonnaires; semblables à de vastes poches, à des bourses légèrement lumineuses, et la substance en était impalpable quoique fort dense.

J'ai parfois rendez-vous avec une ancienne amie.

Le ton de l'entretien devient vite pénible. Alors je pars brusquement pour ma propriété. Elle a la forme d'une crosse. Elle est grande et lumineuse. Il y a du jour dans ce lumineux et un acier fou qui tremble comme une eau. Et là, je suis bien; cela dure quelques moments, puis je reviens par politesse près de la jeune femme, et je souris. Mais ce sourire a une vertu telle... (sans doute parce qu'il l'excommunie), qu'elle s'en va en claquant la porte.

Voilà comment les choses se passent entre mon amie et moi. C'est régulier.

On ferait mieux de se séparer pour tout de bon. Si j'avais de grandes et riches propriétés évidemment je la quitterais. Mais dans l'état actuel des choses, il vaut mieux que j'attende encore un peu.

Revenons au terrain. Je parlais de désespoir. Non, ça autorise au contraire tous les espoirs, un terrain. Sur un terrain on peut bâtir, et je bâtirai. Maintenant j'en suis sûr. Je suis sauvé. J'ai une base.

Auparavant, tout étant dans l'espace, sans plafond, ni sol, naturellement, si j'y mettais un être, je ne le revoyais plus jamais. Il disparaissait. *Il disparaissait par chute*, voilà ce que je n'avais pas compris, et moi qui m'imaginais l'avoir mal construit! Je revenais quelques heures après l'y avoir mis, et m'étonnais chaque fois de sa disparition. Maintenant, ça ne m'arrivera plus. Mon terrain, il est vrai, est encore marécageux. Mais je l'assécherai petit à petit et quand il sera bien dur, j'y établirai une famille de travailleurs.

Il fera bon marcher sur mon terrain. On verra tout ce que j'y ferai. Ma famille est immense. Vous en verrez de tous les types là-dedans, je ne l'ai pas encore montrée. Mais vous la verrez. Et ses évolutions étonneront le monde. Car elle évoluera avec cette avidité et cet emportement des gens qui ont vécu trop longtemps à leur gré d'une vie purement spatiale et qui se réveillent, transportés de joie, pour mettre des souliers.

Et puis dans l'espace, tout être devenait trop vulnérable. Ça faisait tache, ça ne meublait pas. Et tous les passants tapaient dessus comme sur une cible.

Tandis que du terrain encore une fois...

Ah! ça va révolutionner ma vie.

Mère m'a toujours prédit la plus grande pauvreté et nullité. Bien. Jusqu'au terrain elle a raison; après le terrain on verra.

J'ai été la honte de mes parents, mais on verra, et puis je vais être heureux. Il y aura toujours nombreuse compagnie. Vous savez, j'étais bien seul, parfois.

ENVOÛTEMENT

Mon amie que j'ai perdue vit toujours à Paris. Elle marche et rit. Je m'attends qu'un jour prochain sa mère vienne me trouver et dise : « Monsieur, je ne sais ce qu'elle a. On ne trouve rien d'anormal, et pourtant ce mois encore elle a perdu 4 kilos. »

Quand elle ne pèsera plus que 55 livres, alors sa mère viendra me trouver, qui a toujours feint de ne pas s'occuper de moi comme d'un homme négligeable et d'un moment, sa mère viendra me trouver et me dira : « Monsieur, elle ne pèse plus que 55 livres. Peut-être pourriez-vous faire quelque chose pour elle. » Le mois suivant : « Monsieur, c'est 24 kilos à présent qu'elle pèse. C'est tout à fait grave. »

Mais moi : « 24... kilos, revenez à 14. »

Elle revient à 14, c'est 17, mais elle dit 14 en raison de la grande inquiétude qu'elle a que justement à 14 ce soit la mort. Elle revient et me dit : « Monsieur, elle meurt. N'était-elle donc rien pour vous? »

« Madame, soyez sans crainte, elle ne disparaîtra pas toute. Je ne peux la tuer. Même avec 2 kg ½ elle continuera à vivre. »

Mais cette mère que j'ai toujours détestée se jeta

sur moi. Il n'était pas possible que ce fût sa fille. Sa fille devait être morte. C'était une autre assurément, faite par ruse et entretenue par cruauté.

Elle s'en alla cherchant ses idées.

ENCORE DES CHANGEMENTS

A force de souffrir, je perdis les limites de mon corps et me démesurai irrésistiblement.

Je fus toutes choses : des fourmis surtout, interminablement à la file, laborieuses et toutefois hésitantes. C'était un mouvement fou. Il me fallait toute mon attention. Je m'aperçus bientôt que non seulement j'étais les fourmis, mais aussi leur chemin. Car de friable et poussiéreux qu'il était, il devint dur et ma souffrance était atroce. Je m'attendais à chaque instant qu'il éclatât et fût projeté dans l'espace. Mais il tint bon.

Je me reposais comme je pouvais sur une autre partie de moi, plus douce. C'était une forêt et le vent l'agitait doucement. Mais vint une tempête, et les racines pour résister au vent qui augmentait me forèrent, ce n'est rien, mais me crochetèrent si profondément que c'était pire que la mort.

Une chute subite de terrain fit qu'une plage entra en moi, c'était une plage de galets. Ça se mit à ruminer dans mon intérieur et ça appelait la mer, la mer.

Souvent je devenais boa et, quoique un peu gêné par l'allongement, je me préparais à dormir ou bien j'étais bison et je me préparais à brouter, mais bientôt d'une épaule me venait un typhon, les barques étaient projetées en l'air, les steamers se demandaient s'ils arriveraient au port, l'on n'entendait que des S. O. S.

Je regrettais de n'être plus boa ou bison. Peu après il fallait me rétrécir jusqu'à tenir dans une soucoupe. C'était toujours des changements brusques, tout était à refaire, et ça n'en valait pas la peine, ça n'allait durer que quelques instants et pourtant il fallait bien s'adapter, et toujours ces changements brusques. Ce n'est pas un si grand mal de passer de rhomboèdre à pyramide tronquée, mais c'est un grand mal de passer de pyramide tronquée à baleine; il faut tout de suite savoir plonger, respirer et puis l'eau est froide, et puis se trouver face à face avec les harponneurs, mais moi, dès que je voyais l'homme, je m'enfuyais. Mais il arrivait que subitement je fusse changé en harponneur, alors j'avais un chemin d'autant plus grand à parcourir. J'arrivais enfin à rattraper la baleine, je lançais vivement un harpon par l'avant, bien aiguisé et solide (après avoir fait amarrer et vérifier le câble), le harpon partait, entrait profondément dans la chair, faisant une blessure énorme. Je m'apercevais alors que j'étais la baleine, je l'étais redevenue, c'était une nouvelle occasion de souffrir, et moi je ne peux me faire à la souffrance.

Après une course folle, je perdais la vie, ensuite je redevenais bateau, et quand c'est moi le bateau, vous pouvez m'en croire, je fais eau de toutes parts, et quand ça va tout à fait mal, alors c'est sûr, je deviens capitaine, j'essaie de montrer une attitude de sang-froid, mais je suis désespéré, et si l'on arrive malgré tout à nous sauver, alors je me change en câble et le câble se rompt et si une chaloupe est fracassée, justement j'en étais toutes les planches, je coulais et devenu échinoderme ça ne durait pas plus d'une seconde, car, désemparé au milieu d'ennemis dont je ne savais rien, ils m'avaient tout de suite, me mangeaient tout vivant, avec ces yeux blancs et féroces qu'on ne trouve que sous l'eau, sous l'eau salée de l'océan qui avive toutes les blessures. Ah! qui me laissera tranquille quelque temps? Mais non, si je ne bouge pas, je pourris sur place, et si je bouge c'est pour aller sous les coups de mes ennemis. Je n'ose faire un mouvement. Je me disloque aussitôt pour faire partie d'un ensemble baroque, avec un vice d'équilibre qui ne se révèle que trop tôt et trop clairement.

Si je me changeais toujours en animal, à la rigueur on finirait par s'en accommoder, puisque c'est toujours plus ou moins le même comportement, le même principe d'action et de réaction, mais je suis encore des choses (et des choses encore ça irait), mais je suis des ensembles tellement factices et de l'impalpable. Quelle histoire quand je suis changé en éclair! C'est là qu'il faut faire vite, moi qui traîne toujours et ne sais prendre une décision.

Ah! si je pouvais mourir une fois pour toutes. Mais non, on me trouve toujours bon pour une nouvelle vie et pourtant je n'y fais que des gaffes et la mène promptement à sa perte.

N'empêche, on m'en donne aussitôt une autre où ma prodigieuse incapacité se montrera à nouveau avec évidence.

Et toujours et sans cesse.

Il y a tant d'animaux, tant de plantes, tant de minéraux. Et j'ai été déjà de tout et tant de fois. Mais les expériences ne me servent pas. Pour la trente-deuxième fois redevenant chlorydrate d'ammonium, j'ai encore tendance à me comporter comme de l'arsenic et, redevenu chien, mes façons d'oiseau de nuit percent toujours.

Rarement, je vois quelque chose, sans éprouver ce sentiment si spécial... *Ah oui, j'ai été ÇA*... je ne me souviens pas exactement, je sens. C'est pourquoi j'aime tellement les Encyclopédies Illustrées. Je feuillette, je feuillette et j'éprouve souvent des satisfactions, car il y a là la photographie de plusieurs êtres que je n'ai pas encore été. Ça me repose, c'est délicieux, je me dis : « J'aurais pu être ça aussi, et ça, et cela m'a été épargné. » J'ai un soupir de soulagement. Oh! le repos!

AU LIT

La maladie que j'ai me condamne à l'immobilité absolue au lit. Quand mon ennui prend des proportions excessives et qui vont me déséquilibrer si l'on n'intervient pas, voici ce que je fais :

J'écrase mon crâne et l'étale devant moi aussi loin que possible et quand c'est bien plat, je sors ma cavalerie. Les sabots tapent clair sur ce sol ferme et jaunâtre. Les escadrons prennent immédiatement le trot, et ça piaffe, et ça rue. Et ce bruit, ce rythme net et multiple, cette ardeur qui respire le combat et la Victoire, enchantent l'âme de celui qui est cloué au lit et ne peut faire un mouvement.

LA JETÉE

Depuis un mois que j'habitais Honfleur, je n'avais pas encore vu la mer, car le médecin me faisait garder la chambre.

Mais hier soir, lassé d'un tel isolement, je construisis, profitant du brouillard, une jetée jusqu'à la mer.

Puis, tout au bout, laissant pendre mes jambes, je regardai la mer, sous moi, qui respirait profondément.

Un murmure vint de droite. C'était un homme assis comme moi les jambes ballantes et qui regardait la mer. « A présent, dit-il, que je suis vieux, je vais en retirer tout ce que j'y ai mis depuis des années. » Il se mit à tirer en se servant de poulies.

Et il sortit des richesses en abondance. Il en tirait des capitaines d'autres âges en grand uniforme, des caisses cloutées de toutes sortes de choses précieuses et des femmes habillées richement mais comme elles ne s'habillent plus. Et chaque être ou chose qu'il amenait à la surface, il le regardait attentivement avec grand espoir, puis sans mot dire, tandis que son regard s'éteignait, il poussait ça derrière lui.

Nous remplîmes ainsi toute l'estacade. Ce qu'il y avait, je ne m'en souviens pas au juste, car je n'ai pas de mémoire, mais visiblement ce n'était pas satisfaisant, quelque chose en tout était perdu, qu'il espérait retrouver et qui s'était fané.

Alors, il se mit à rejeter tout à la mer.

Un long ruban ce qui tomba et qui, vous mouillant, vous glaçait.

Un dernier débris qu'il poussait l'entraîna lui-même.

Quant à moi, grelottant de fièvre, comment je pus regagner mon lit, je me le demande.

CRIER

Le panaris est une souffrance atroce. Mais ce qui me faisait souffrir le plus, c'était que je ne pouvais crier. Car j'étais à l'hôtel. La nuit venait de tomber et ma chambre était prise entre deux autres où l'on dormait.

Alors, je me mis à sortir de mon crâne des grosses caisses, des cuivres, et un instrument qui résonnait plus que des orgues. Et profitant de la force prodigieuse que me donnait la fièvre, j'en fis un orchestre assourdissant. Tout tremblait de vibrations.

Alors, enfin assuré que dans ce tumulte ma voix ne serait pas entendue, je me mis à hurler, à hurler pendant des heures, et parvins à me soulager petit à petit.

CONSEILS AUX MALADES

Ce que le malade doit éviter, c'est d'être seul et pourtant si l'on vient le voir et qu'on lui parle et qu'il soit un de ces hommes qui donnent plutôt qu'ils ne reçoivent, il se trouve bientôt tellement affaibli que quand le médecin ensuite se présente avec sa trousse pour inciser son panaris, il ne sait plus où prendre un peu de force pour résister à la souffrance, il se sent atrocement victime et délaissé.

Il vaut donc mieux qu'il crée lui-même sa compagnie qui reste là à sa disposition (même quand le médecin est là) et qui, en tout, est plus souple.

C'est dans les tentures qu'il peut loger le plus d'êtres.

Les grosses espèces il les réduira facilement, c'est la forme et la structure surtout qui importe.

Le premier jour, je plantai des pâquerettes. Tous les rideaux en étaient pleins.

« Fleurs aux petites paumes, leur disais-je, ne pouvez-vous rien pour moi? » Mais elles-mêmes étaient tellement tremblantes que je dus les renvoyer.

Je les remplaçai par des éléphants (de petite taille); ils montaient et descendaient comme des hippocampes puis, s'accrochant à un pli par leur trompe, me regardaient de leurs petits yeux qui comprennent.

Mais moi, promptement lassé, — et puis je suis si paresseux — je détournais les yeux en leur disant : « Eh bien, maintenant, voulez-vous, parlez-moi de trompes. » Ils ne parlaient pas, mais réconforté par leur présence — cela vous garde, un éléphant — je m'endormais plus facilement.

PROJECTION

Cela se passait sur la jetée de Honfleur, le ciel était pur. On voyait très clairement le phare du Havre. Je restai là en tout bien dix heures. A midi, j'allai déjeuner, mais je revins aussitôt après.

Quelques barques s'en furent aux moules à la marée basse, je reconnus un patron pêcheur avec qui j'étais déjà sorti et je fis encore quelques autres remarques. Mais en somme, relativement au temps que j'y passai, j'en fis excessivement peu.

Et tout d'un coup vers huit heures, je m'aperçus que tout ce spectacle que j'avais contemplé pendant cette journée, ça avait été seulement une émanation de mon esprit. Et j'en fus fort satisfait, car justement je m'étais reproché un peu avant de passer mes journées à ne rien faire.

Je fus donc content et puisque c'était seulement un spectacle venu de moi, cet horizon qui m'obsédait, je m'apprêtai à le rentrer. Mais il faisait fort chaud et sans doute j'étais fort affaibli, car je n'arrivai à rien. L'horizon ne diminuait pas et, loin de s'obscurcir, il avait une apparence peut-être plus lumineuse qu'auparavant.

Je marchais, je marchais.

Et quand les gens me saluaient, je les regardais avec égarement tout en me disant : « Il faudrait pourtant le rentrer cet horizon, ça va encore empoisonner ma vie, cette histoire-là », et ainsi arrivai-je pour dîner à l'hôtel d'Angleterre et là il fut bien évident *que j'étais réellement à Honfleur*, mais cela n'arrangeait rien.

Peu importait le passé. Le soir était venu et pourtant l'horizon était toujours là, identique à ce qu'il s'était montré aujourd'hui pendant des heures.

Au milieu de la nuit, il a disparu tout d'un coup, faisant si subitement place au néant que je le regrettai presque.

INTERVENTION

Autrefois, j'avais trop le respect de la nature. Je me mettais devant les choses et les paysages et je les laissais faire.

Fini, maintenant *j'interviendrai.*

J'étais donc à Honfleur et je m'y ennuyais. Alors résolument j'y mis du chameau. Cela ne paraît pas fort indiqué. N'importe, c'était mon idée. D'ailleurs je la mis à exécution avec la plus grande prudence. Je les introduisis d'abord les jours de grande affluence, le samedi, sur la place du Marché. L'encombrement devint indescriptible et les touristes disaient : « Ah! ce que ça pue! Sont-ils sales les gens d'ici! » L'odeur gagna le port et se mit à terrasser celle de la crevette. On sortait de la foule plein de poussières et de poils d'on ne savait quoi.

Et, la nuit, il fallait entendre les coups de pattes des chameaux quand ils essayaient de franchir les écluses, gong! gong! sur le métal et les madriers!

L'envahissement par les chameaux se fit avec suite et sûreté.

On commençait à voir les Honfleurais loucher à chaque instant avec ce regard soupçonneux spécial aux chameliers, quand ils inspectent leur caravane pour voir si rien ne manque et si on peut continuer à faire route; mais je dus quitter Honfleur le quatrième jour.

J'avais lancé également un train de voyageurs. Il partait à toute allure de la Grand-Place, et résolument s'avançait sur la mer sans s'inquiéter de la lourdeur du matériel; il filait en avant, sauvé par la foi.

Dommage que j'aie dû m'en aller, mais je doute fort que le calme renaisse tout de suite en cette petite ville de pêcheurs de crevettes et de moules.

NOTES DE ZOOLOGIE

... Là je vis aussi L'Auroch, la Parpue, la Darelette, l'Épigrue, la Cartive avec la tête en forme de poire, la Meige, l'Émeu avec du pus dans les oreilles, la Courtipliane avec sa démarche d'eunuque; des Vampires, des Hypédruches à la queue noire, des Bourrasses à trois rangs de poches ventrales, des Chougnous en masse gélatineuse, des Peffils au bec en couteau; le Cartuis avec son odeur de chocolat, les Daragues à plumes damasquinées, les Pourpiasses à l'anus vert et frémissant, les Baltrés à la peau de moire, les Babluites avec leurs poches d'eau, les Carcites avec leurs cristaux sur la gueule, les Jamettes au dos de scie et à la voix larmoyante, les Purlides chassieux et comme décomposés, avec leur venin à double jet, l'un en hauteur, l'autre vers le sol, les Cajax et les Bayabées, sortant rarement de leur vie parasitaire, les Paradrigues, si agiles, surnommés jets de pierre, les singes Rina, les singes Tirtis, les singes Macbelis, les singes « ro » s'attaquant à tout, sifflant par endroits plus aigu et tranchant que perroquets, barbrissant et ramoisant sur tout le paysage jusqu'à dominer le bruit de l'immense piétinement et le bruflement des gros pachydermes.

De larges avenues s'ouvraient tout à coup et la vue dévalait sur des foules d'échines et de croupes pour tomber sur des vides qui hurlaient à fond dans la bousculade universelle, sous les orteils de Bamanvus larges comme des tartes, sous les rapides pattes des Crèles, qui, secs et nerveux, trottent, crottent, fouillent et pf... comme l'air.

On entendait en gong bas la bichuterie des Trèmes plates et basses comme des punaises, de la dimension d'une feuille de nénuphar, d'un vert olive; elles faisaient dans la plaine, là où on pouvait les observer, comme une lente et merveilleuse circulation d'assiettes de couleur; êtres mystérieux à tête semblable à celle de la sole, se basculant tout entiers pour manger, mangeurs de fourmis et autres raviots de cette taille.

Marchaient au milieu les grands Cowgas, échassiers au plumage nacré, si minces, tout en rotules, en vertèbres et en chapelet osseux, qui font résonner dans leur corps entier ce bruit de mastication et de salivation qui accompagne le manger chez le chien ou chez l'homme fruste.

LA PARPUE

La Parpue est un animal cravaté de lourds fanons, les yeux semblent mous et de la couleur de l'asperge cuite, striés de sang, mais davantage sur les bords.

La pupille n'est pas nue. C'est un réseau de canaux noirs qui se disposent assez généralement en trois régions, trois triangles.

La pupille de cet animal varie pour chaque personne qui l'observe et devant toute nouvelle circonstance. Mais contrairement aux félins, la lumière est ce qui lui importe le moins; ce sont ses impressions plutôt qui changent ses yeux, et ceux-ci sont larges comme la main.

Les hommes Banto passent, selon Astrose, contemporain d'Euclide et le seul homme de ce temps qui ait voyagé, pour avoir apprivoisé la parpue. Les Banto prétendaient que le *e* et le *i* se trouvant dans la langue de tous les peuples connus alors étaient une preuve de la faiblesse de ces peuples.

Mais eux-mêmes ayant épousé des femmes Iroi perdirent leurs vertus guerrières et leur idiome singulier.

La parpue est douce. Ils l'ont travaillée, exercée. Certaines parpues peuvent, pendant des heures, ainsi modifier leurs yeux. On ne se fatigue pas de les contempler; « des étangs qui vivraient », dit Astrose. Ce sont de grandes actrices. Après une séance d'une heure, elles se mettent à trembler, on les enroule dans la laine, car sous leurs longs poils la transpiration s'est faite grosse et c'est dangereux pour elles.

LA DARELETTE

La Darelette se rencontre dans les terrains secs et sablonneux. Ce n'est pas une plante, c'est une bête agile, corsetée et chitinée comme pas un insecte, grosse comme un rat et longue comme celui-ci, la queue comprise.

Son dernier segment (il y en a trois), si un homme saute dessus, a quelque chance de se rompre, quand l'animal n'est pas arrivé à l'âge adulte.

L'intérieur, sous des parois d'un auriculaire d'épaisseur, ne contenant pas d'organes essentiels, la bête blessée continue sa marche avec sa marmelade abdominale et ses parois en brèche. C'est une bête qui ne craint personne, mange les serpents et va sucer au pis des vaches qui n'osent pas faire un mouvement.

L'araignée des fosses lui fait la guerre avec succès; elle l'embobine, la comble de fils; une fois paralysée, elle la pompe tout entière par les oreilles. Ses oreilles en rosace et ses yeux et ses organes internes sont le seul tendre de son corps.

Elle la pompe tout entière par les oreilles.

INSECTES

M'éloignant davantage vers l'ouest, je vis des insectes à neuf segments avec des yeux énormes semblables à des râpes et un corsage en treillis comme les lampes des mineurs, d'autres avec des antennes murmurantes; ceux-ci avec une vingtaine de paires de pattes, plus semblables à des agrafes; ceux-là faits de laque noire et de nacre, qui croustillaient sous les pieds comme des coquillages; d'autres hauts sur pattes comme des faucheux avec de petits yeux d'épingle, rouges comme ceux des souris albinos, véritables braises montées sur tiges, ayant une expression d'indicible affolement; d'autres avec une tête d'ivoire, surprenantes calvities dont on se sentait tout à coup si frères, si près, dont les pattes partaient en avant comme des bielles qui zigzaguaient en l'air.

Enfin, il y en avait de transparents, carafes qui par endroits seraient poilues; ils avançaient par milliers, faisant une cristallerie, un étalage de lumière et de soleil tel, qu'après cela tout paraissait cendre et produit de nuit noire.

CATAFALQUES

Dans cette région se trouvaient encore un tas de petits animaux au corps d'ouate. Vous marchez dessus et ils se retrouvent entiers, mais un os situé presque au tiers de l'échine (partant de la queue), si celui-là est touché, un os pas bien gros, mais celui-là broyé, l'animal tombe comme un paquet et quand on ouvre cet os on n'y trouve qu'une pâte pas bien spéciale.

Un autre animal avec une échine de catafalque, crucifiée de jaune, plus gros qu'un bœuf. L'approche-t-on, il vous envoie une de ces volées de sabots, une de ces ruades, faisant face de tous côtés, tournant sur son train de derrière comme sur un pas de vis. L'ennemi une fois hors de combat, mais pas avant, et il resterait quarante-huit heures s'il le faut, il reprend son pas d'automate, la conduite de son enterrement de 1re classe. Si nette est l'impression que, quand on les voit en groupe, père catafalque et les enfants catafalques, on s'attendrit devant cette apparente nouveauté de la mort, procédant maintenant par familles.

L'ÉNANGLOM

C'est un animal sans formes, robuste entre tous, muscles pour les trois quarts, et, dans son extérieur entièrement, qui a partout près d'un pied d'épaisseur. Tous les rochers, même lisses, il est en mesure de les escalader.

Cette peau si amorphe devient crampons.

Aucun animal ne l'attaque; trop haut sur terre pour qu'un rhinocéros puisse l'écraser, plutôt lui le culbuterait, n'y ayant que la vitesse qui lui manque.

Les tigres s'y casseraient les griffes sans l'entamer; même une puce ou un taon, un cobra n'y trouve pas un endroit sensible.

Et quoique merveilleusement au courant de tout ce qui se passe autour de lui, sauf paraît-il au fort de l'été, on ne lui trouve aucun sens.

Pour se nourrir, il se met à l'eau; un bouillonnement et surtout une grande circulation d'eau l'accompagne et des poissons parfaitement intacts viennent surnager le ventre en l'air.

Privé d'eau, il meurt; le reste est mystère.

Il n'est pas inouï qu'on rencontre des crocodiles fracassés sur les bords des fleuves qu'il fréquente.

NOUVELLES OBSERVATIONS

Là je rencontrai les Phlises, les Bourabous, les Cournouaques et des bandes de sauteurs plus agiles que des grillons, malgré leur taille et leur corpulence, les Buresques, écrasés et poilus comme des paillassons, les Noisis et les Ptériglottes; les Burbumes qui chevauchent comme des vagues et sont couverts de longs poils blancs soyeux, les Chérinots et les Barabattes, lourds comme l'ours, violents comme le cobra, têtus comme le rhinocéros; les Clangiothermes, les Ossiosporadies, les Brinogudules aux cent queues et les Cistides toujours empêtrés dans des plantes et forant des coquilles; quantité de parasites, les Obioborants à cornac (une sorte de monstre du tiers de leur taille qui se fixe sur eux pour la vie), les Chiripépodes qui ont un tas de pattes inutiles qui leur pendent comme des haillons, les Solidodiercules à colocos et les Criptostarsites aux gros boyaux extérieurs, les Routeries encapuchonnées et les Urvèles qui volent comme les grues, mais ne sont pas si gros qu'une noisette, les colonies nombreuses des Suppurines, des Brunoises et des Ourwailles; et partout des orvets mouchetés inoffensifs, mais si semblables aux terribles Ixtyoxyls du Mexique que c'était une panique générale à chaque mouvement de l'herbe.

LA RACE URDES

Dans ce pays, ils ne se servent pas de femmes. Quand ils veulent jouir, ils descendent dans l'eau, et s'en vient alors vers eux un être un peu comme la loutre, mais plus grand, plus souple encore (et avez-vous vu une loutre entrer à l'eau? Elle entre comme une main), s'en viennent vers lui ces bêtes et se le disputent, s'y enroulent et se bousculent tellement que, s'il ne s'était muni de flotteurs de bois léger, l'homme coulerait à pic, si bon nageur qu'il soit et serait besogné, si je puis dire, sur le lit du fleuve. Cette bête se colle à lui en ruban et ne le lâche pas volontiers.

Ce qui séduit surtout chez ces animaux, c'est la souplesse unie à la force. L'homme trouve enfin plus fort que lui.

Les riches en élèvent pour eux et leurs invités.

On établit aussi des eaux vides où peuvent se baigner les enfants.

Quant aux jeunes gens nubiles, il faut prendre garde à eux les premières fois qu'ils vont au fleuve, car de plaisir et de soudain étonnement, ils perdent leurs forces trop rapidement et se laissent entraîner au fond.

On sait à ce sujet comme l'eau est traître. Il faut, comme ils sont presque évanouis, les retirer de l'eau par le moyen de perches.

La nature du plaisir est comme le nôtre, mais rien n'y a pour les femmes. Mais comme partout ailleurs, cependant, les hommes les font mères et les mettent à leur droite dans le lit.

CHAÎNES ENCHAÎNÉES

Ne pesez pas plus qu'une flamme et tout ira bien,
Une flamme de zéphyr, une flamme venant d'un
  poumon chaud et ensanglanté,
Une flamme en un mot.
Ruine au visage aimable et reposé,
Ruine pour tout dire, ruine.
Ne pesez pas plus qu'une hune et tout ira bien.
Une hune dans le ciel, une hune de corsage.
Une et point davantage.
Une et féminine,
Une.

EN VÉRITÉ

En vérité, quand je dis :
« Grand et fort.
« Ainsi va le mort.
« Quel est le vivant
« Qui en ferait autant? »
Le mort, c'est moi.
En vérité, quand je dis :
« Ne mettez pas les parents dans votre jeu,
« Il n'y a pas de place pour eux.
« Et la femme qui a enfanté a été jusqu'au bout de ses forces,
« Il ne faut pas lui en demander plus,
« Et ne faites pas tant d'histoires,
« Le malheur c'est tout à fait naturel. »
En vérité, la femme ce n'est pas moi.
C'est moi le bon chemin qui ne fait rebrousser personne.
C'est moi le bon poignard qui fait deux partout où il passe.
C'est moi qui...
Ce sont les autres qui ne pas...

EMPORTEZ-MOI

Emportez-moi dans une caravelle,
Dans une vieille et douce caravelle,
Dans l'étrave, ou si l'on veut, dans l'écume,
Et perdez-moi, au loin, au loin.

Dans l'attelage d'un autre âge.
Dans le velours trompeur de la neige.
Dans l'haleine de quelques chiens réunis.
Dans la troupe exténuée des feuilles mortes.

Emportez-moi sans me briser, dans les baisers,
Dans les poitrines qui se soulèvent et respirent,
Sur les tapis des paumes et leur sourire,
Dans les corridors des os longs et des articulations.

Emportez-moi, ou plutôt enfouissez-moi.

JE SUIS GONG

Dans le chant de ma colère il y a un œuf,
Et dans cet œuf il y a ma mère, mon père et mes enfants,
Et dans ce tout il y a joie et tristesse mêlées et vie.
Grosses tempêtes qui m'avez secouru,
Beau soleil qui m'as contrecarré,
Il y a haine en moi, forte et de date ancienne,
Et pour la beauté on verra plus tard.
Je ne suis en effet devenu dur que par lamelles;
Si l'on savait comme je suis resté moelleux au fond.
Je suis gong et ouate et chant neigeux,
Je le dis et j'en suis sûr.

L'AVENIR

Quand les mah,
Quand les mah,
Les marécages,
Les malédictions,
Quand les mahahahahas,
Les mahahaborras,
Les mahahamaladihahas,
Les matratrimatratrihahas,
Les hondregordegarderies,
Les honcucarachoncus,
Les hordanoplopais de puru paru puru,
Les immoncéphales glossés,
Les poids, les pestes, les putréfactions,
Les nécroses, les carnages, les engloutissements,
Les visqueux, les éteints, les infects,
Quand le miel devenu pierreux,
Les banquises perdant du sang,
Les Juifs affolés rachetant le Christ précipitamment,
L'Acropole, les casernes changées en choux,
Les regards en chauves-souris, ou bien en barbelés,
  en boîte à clous,
De nouvelles mains en raz de marée,

D'autres vertèbres faites de moulins à vent,
Le jus de la joie se changeant en brûlure,
Les caresses en ravages lancinants, les organes du corps les mieux unis en duels au sabre,
Le sable à la caresse rousse se retournant en plomb sur tous les amateurs de plage,
Les langues tièdes, promeneuses passionnées, se changeant soit en couteaux, soit en durs cailloux,
Le bruit exquis des rivières qui coulent se changeant en forêts de perroquets et de marteaux-pilons,
Quand l'*Épouvantable-Implacable* se débondant enfin,
Assoira ses mille fesses infectes sur ce Monde fermé, centré, et comme pendu au clou,
Tournant, tournant sur lui-même sans jamais arriver à s'échapper,
Quand, dernier rameau de l'Être, la souffrance, pointe atroce, survivra seule, croissant en délicatesse,
De plus en plus aiguë et intolérable... et le Néant têtu tout autour qui recule comme la panique...
Oh! Malheur! Malheur!
Oh! Dernier souvenir, petite vie de chaque homme, petite vie de chaque animal, petites vies punctiformes;
Plus jamais.
Oh! Vide!
Oh! Espace! Espace non stratifié... Oh! Espace, Espace!

UN CERTAIN PLUME

(1930)

I

UN HOMME PAISIBLE

Étendant les mains hors du lit, Plume fut étonné de ne pas rencontrer le mur. « Tiens, pensa-t-il, les fourmis l'auront mangé... » et il se rendormit.

Peu après, sa femme l'attrapa et le secoua : « Regarde, dit-elle, fainéant! pendant que tu étais occupé à dormir on nous a volé notre maison. » En effet, un ciel intact s'étendait de tous côtés. « Bah! la chose est faite », pensa-t-il.

Peu après, un bruit se fit entendre. C'était un train qui arrivait sur eux à toute allure. « De l'air pressé qu'il a, pensa-t-il, il arrivera sûrement avant nous » et il se rendormit.

Ensuite, le froid le réveilla. Il était tout trempé de sang. Quelques morceaux de sa femme gisaient près de lui. « Avec le sang, pensa-t-il, surgissent toujours quantité de désagréments; si ce train pouvait n'être pas passé, j'en serais fort heureux. Mais puisqu'il est déjà passé... » et il se rendormit.

« Voyons, disait le juge, comment expliquez-vous que votre femme se soit blessée au point qu'on l'ait trouvée partagée en huit morceaux, sans que vous, qui étiez à côté, ayez pu faire un geste pour l'en empêcher, sans même vous en être aperçu. Voilà le mystère. Toute l'affaire est là-dedans. »

« Sur ce chemin, je ne peux pas l'aider », pensa Plume, et il se rendormit.

« L'exécution aura lieu demain. Accusé, avez-vous quelque chose à ajouter? »

« Excusez-moi, dit-il, je n'ai pas suivi l'affaire. » Et il se rendormit.

II

PLUME AU RESTAURANT

Plume déjeunait au restaurant, quand le maître d'hôtel s'approcha, le regarda sévèrement et lui dit d'une voix basse et mystérieuse : « Ce que vous avez là dans votre assiette ne figure *pas* sur la carte. »

Plume s'excusa aussitôt.

« Voilà, dit-il, étant pressé, je n'ai pas pris la peine de consulter la carte. J'ai demandé à tout hasard une côtelette, pensant que peut-être il y en avait, ou que sinon on en trouverait aisément dans le voisinage, mais prêt à demander toute autre chose si les côtelettes faisaient défaut. Le garçon, sans se montrer particulièrement étonné, s'éloigna et me l'apporta peu après, et voilà...

« Naturellement, je la paierai le prix qu'il faudra. C'est un beau morceau, je ne le nie pas. Je le paierai son prix sans hésiter. Si j'avais su, j'aurais volontiers choisi une autre viande ou simplement un œuf. De toute façon maintenant je n'ai plus très faim. Je vais vous régler immédiatement. »

Cependant, le maître d'hôtel ne bouge pas. Plume

se trouve atrocement gêné. Après quelque temps relevant les yeux... hum! c'est maintenant le chef de l'établissement qui se trouve devant lui.

Plume s'excusa aussitôt.

« J'ignorais, dit-il, que les côtelettes ne figuraient pas sur la carte. Je ne l'ai pas regardée, parce que j'ai la vue fort basse, et que je n'avais pas mon pince-nez sur moi, et puis, lire me fait toujours un mal atroce. J'ai demandé la première chose qui m'est venue à l'esprit, et plutôt pour amorcer d'autres propositions que par goût personnel. Le garçon sans doute préoccupé n'a pas cherché plus loin, il m'a apporté ça, et moi-même d'ailleurs tout à fait distrait je me suis mis à manger, enfin... je vais vous payer à vous-même puisque vous êtes là. »

Cependant, le chef de l'établissement ne bouge pas. Plume se sent de plus en plus gêné. Comme il lui tend un billet, il voit tout à coup la manche d'un uniforme; c'était un agent de police qui était devant lui.

Plume s'excusa aussitôt.

Voilà, il était entré là pour se reposer un peu. Tout à coup, on lui crie à brûle-pourpoint : « Et pour Monsieur? Ce sera...? — Oh... un bock », dit-il. « Et après?... » crie le garçon fâché; alors, plutôt pour s'en débarrasser que pour autre chose : « Eh bien, une côtelette! »

Il n'y songeait déjà plus, quand on la lui apporta dans une assiette; alors, ma foi, comme c'était là devant lui...

« Écoutez, si vous vouliez essayer d'arranger cette affaire, vous seriez bien gentil. Voici pour vous. »

Et il lui tend un billet de cent francs. Ayant

entendu des pas s'éloigner, il se croyait déjà libre. Mais c'est maintenant le commissaire de police qui se trouve devant lui.

Plume s'excusa aussitôt.

Il avait pris un rendez-vous avec un ami. Il l'avait vainement cherché toute la matinée. Alors, comme il savait que son ami en revenant du bureau passait par cette rue, il était entré ici, avait pris une table près de la fenêtre et comme, d'autre part, l'attente pouvait être longue et qu'il ne voulait pas avoir l'air de reculer devant la dépense, il avait commandé une côtelette; pour avoir quelque chose devant lui. Pas un instant il ne songeait à consommer. Mais l'ayant devant lui, machinalement, sans se rendre compte le moins du monde de ce qu'il faisait, il s'était mis à manger.

Il faut savoir que pour rien au monde il n'irait au restaurant. Il ne déjeune que chez lui. C'est un principe. Il s'agit ici d'une pure distraction, comme il peut en arriver à tout homme énervé, une inconscience passagère; rien d'autre.

Mais le commissaire ayant appelé au téléphone le chef de la sûreté :

« Allons, dit-il à Plume en lui tendant l'appareil. Expliquez-vous une bonne fois. C'est votre seule chance de salut. »

Et un agent, le poussant brutalement, lui dit :

« Il s'agira maintenant de marcher droit, hein? » Et comme les pompiers faisaient leur entrée dans le restaurant, le chef de l'établissement lui dit :

« Voyez quelle perte pour mon établissement. Une vraie catastrophe! » et il montrait la salle que tous les consommateurs avaient quittée à la hâte.

Ceux de la Secrète lui disaient :

« Ça va chauffer, nous vous prévenons. Il vaudra mieux confesser toute la vérité. Ce n'est pas notre première affaire, croyez-le. Quand ça commence à prendre cette tournure, c'est que c'est grave. »

Cependant, un grand rustre d'agent par-dessus son épaule lui disait :

« Écoutez, je n'y peux rien. C'est l'ordre. Si vous ne parlez pas dans l'appareil, je cogne. C'est entendu? Avouez! vous êtes prévenu. Si je ne vous entends pas, je cogne. »

III

PLUME VOYAGE

Plume ne peut pas dire qu'on ait excessivement d'égards pour lui en voyage. Les uns lui passent dessus sans crier gare, les autres s'essuient tranquillement les mains à son veston. Il a fini par s'habituer. Il aime mieux voyager avec modestie. Tant que ce sera possible, il le fera.

Si on lui sert, hargneux, une racine dans son assiette, une grosse racine :

« Allons, mangez. Qu'est-ce que vous attendez?
— Oh, bien, tout de suite, voilà. »

Il ne veut pas s'attirer des histoires inutilement.

Et si, la nuit, on lui refuse un lit :

« Quoi! Vous n'êtes pas venu de si loin pour dormir, non? Allons, prenez votre malle et vos affaires, c'est le moment de la journée où l'on marche le plus facilement.

— Bien, bien, oui... certainement. C'était pour rire, naturellement. Oh oui, par... par plaisanterie. »

Et il repart dans la nuit obscure.

Et si on le jette hors du train :

« Ah! alors vous pensez qu'on a chauffé depuis trois heures cette locomotive et attelé huit voitures pour transporter un jeune homme de votre âge, en parfaite santé, qui peut parfaitement être utile ici, qui n'a nul besoin de s'en aller là-bas, et que c'est pour ça qu'on aurait creusé des tunnels, fait sauter des tonnes de rochers à la dynamite et posé des centaines de kilomètres de rails par tous les temps, sans compter qu'il faut encore surveiller la ligne continuellement par crainte des sabotages, et tout cela pour...

— Bien, bien. Je comprends parfaitement. J'étais monté, oh, pour jeter un coup d'œil! Maintenant, c'est tout. Simple curiosité, n'est-ce pas. Et merci mille fois. »

Et il s'en retourne sur les chemins avec ses bagages.

Et si, à Rome, il demande à voir le Colisée :

« Ah! non. Écoutez, il est déjà assez mal arrangé. Et puis après Monsieur voudra le toucher, s'appuyer dessus, s'y asseoir... c'est comme ça qu'il ne reste que des ruines partout. Ce fut une leçon pour nous, une dure leçon, mais à l'avenir, non, c'est fini, n'est-ce pas.

— Bien! Bien! c'était... Je voulais seulement vous demander une carte postale, une photo, peut-être... si des fois... »

Et il quitte la ville sans avoir rien vu.

Et si sur le paquebot, tout à coup le Commissaire du bord le désigne du doigt et dit :

« Qu'est-ce qu'il fait ici, celui-là? Allons, on manque bien de discipline là, en bas, il me semble. Qu'on aille vite me le redescendre dans la soute. Le deuxième quart vient de sonner. »

Et il repart en sifflotant, et Plume, lui, s'éreinte pendant toute la traversée.

Mais il ne dit rien, il ne se plaint pas. Il songe aux malheureux qui ne peuvent pas voyager du tout, tandis que lui, il voyage, il voyage continuellement.

IV

LA NUIT DES BULGARES

« Voilà, on était sur le chemin du retour. On s'est trompé de train. Alors, comme on était là avec un tas de Bulgares, qui murmuraient entre eux on ne sait pas quoi, qui remuaient tout le temps, on a préféré en finir d'un coup. On a sorti nos revolvers et on a tiré. On a tiré précipitamment parce qu'on ne se fiait pas à eux. Il était préférable de les mettre avant tout hors de combat. Eux, dans l'ensemble, parurent étonnés, mais les Bulgares, il ne faut pas s'y fier.

« A la station prochaine montent quantité de voyageurs, dit le chef du convoi. Arrangez-vous avec ceux d'à côté (et il désigne les morts) pour n'occuper qu'un compartiment. Il n'y a plus aucun motif maintenant pour que *vous* et *eux* occupiez des compartiments distincts. »

Et il les regarde d'un air sévère.

« Oui, oui, on s'arrangera! Comment donc! Bien sûr! Tout de suite! »

Et vivement ils se placent auprès des morts et les soutiennent.

Ce n'est pas tellement facile. Sept morts et trois vivants. On se cale entre des corps froids, et les têtes de ces « dormeurs » penchent tout le temps. Elles tombent dans le cou des trois jeunes hommes. Comme des urnes qu'on porte sur l'épaule, ces têtes froides. Comme des urnes grenues contre les joues, ces barbes dures, qui se mettent à croître tout à coup à une vitesse redoublée.

La nuit à passer. Puis on tâchera de déguerpir au petit matin. Peut-être le chef du convoi aura-t-il oublié. Ce qu'il faut, c'est rester bien tranquilles. Tâcher de ne pas réveiller son attention. Rester serrés comme il a dit. Montrer de la bonne volonté. Le matin, on s'en ira en douce. Avant d'arriver à la frontière, le train ralentit ordinairement. La fuite sera plus facile, on passera un peu plus loin par la forêt avec un guide.

Et ils s'exhortent ainsi à la patience.

Dans le train, les morts sont bien plus secoués que les vivants. La vitesse les inquiète. Ils ne peuvent rester tranquilles un instant, ils se penchent de plus en plus, ils viennent vous parler à l'estomac, ils n'en peuvent plus.

Il faut les mener durement et ne pas les lâcher un instant; il faut les aplatir contre les dossiers, l'un à sa gauche, l'autre à sa droite, s'écraser dessus, mais c'est leur tête alors qui cogne.

Il faut les tenir fermement, ça c'est le plus important.

« Un de ces Messieurs ne pourrait-il pas faire place à cette vieille dame que voici? »

Impossible de refuser. Plume prend sur ses genoux un mort (il en a encore un autre à sa droite) et la dame vient s'asseoir à sa gauche. Maintenant la vieille dame s'est endormie et sa tête penche. Et sa tête et celle du mort se sont rencontrées. Mais seule la tête de la dame se réveille, et elle dit que l'autre est bien froide et elle a peur.

Mais ils disent vivement qu'il règne un grand froid.

Elle n'a qu'à toucher. Et des mains se tendent vers elle, des mains toutes froides. Peut-être ferait-elle mieux d'aller dans un compartiment plus chaud. Elle se lève. Elle revient ensuite avec le contrôleur. Le contrôleur veut vérifier si le chauffage fonctionne normalement. La dame lui dit :

« Touchez donc ces mains. »

Mais tous crient :

« Non, non, c'est l'immobilité, ce sont des doigts endormis par l'immobilité, ce n'est rien. Nous avons tous assez chaud, ici. On transpire, tâtez ce front. A un endroit du corps, il y a transpiration, sur l'autre règne le froid, c'est l'immobilité qui veut ça, ce n'est rien d'autre que l'immobilité. »

« Ceux qui ont froid, dit Plume, qu'ils s'abritent la tête dans un journal. Ça tient chaud. » Les autres comprennent. Bientôt tous les morts sont encapuchonnés dans des journaux, encapuchonnés dans du blanc, encapuchonnés bruissants. C'est plus commode, on les reconnaît tout de suite malgré l'obscurité. Et puis la dame ne risquera plus de toucher une tête froide.

Cependant, monte une jeune fille. On a installé ses bagages dans le couloir. Elle ne cherche pas à s'asseoir, une jeune fille très réservée, la modestie et la fatigue pèsent sur ses paupières. Elle ne demande rien. Mais il faudra lui faire place. Ils le veulent absolument, alors ils songent à écouler leurs morts, les écouler petit à petit. Mais tout bien considéré, il vaudrait mieux essayer de les sortir immédiatement l'un après l'autre, car à la vieille dame on pourra peut-être cacher la chose, mais s'il y avait deux ou trois personnes étrangères cela deviendrait plutôt difficile.

Ils baissent la grande vitre avec précaution et l'opération commence. On les sort jusqu'à la ceinture, une fois là on les fait basculer. Mais il faut bien plier les genoux pour qu'ils n'accrochent pas — car pendant qu'ils restent suspendus, leur tête donne des coups sourds sur la portière, tout à fait comme si elle voulait rentrer.

Allons! Du courage! Bientôt on pourra respirer à nouveau convenablement. Encore un mort, et ce sera fini. Mais le froid de l'air qui est entré a réveillé la vieille dame.

Et entendant remuer, le contrôleur vient encore vérifier par acquit de conscience et affectation de galanterie, s'il n'y aurait pas à l'intérieur, quoiqu'il sache pertinemment le contraire, une place pour la jeune fille qui est dans le couloir.

« Mais certainement! Mais certainement! » s'écrient-ils tous.

« C'est bien extraordinaire, fait le contrôleur,... j'aurais juré...

« C'est bien extraordinaire », dit aussi le regard de la vieille dame, mais le sommeil remet les questions à plus tard.

Pourvu que dorme maintenant la jeune fille! Un mort, il est vrai, ça s'expliquerait déjà plus aisément que cinq morts. Mais il vaut mieux éviter toutes les questions. Car, quand on est questionné, on s'embrouille facilement. La contradiction et les méfaits apparaissent de tous côtés. Il est toujours préférable de ne pas voyager avec un mort. Surtout quand il a été victime d'une balle de revolver, car le sang qui a coulé lui donne mauvaise mine.

Mais puisque la jeune fille dans sa grande prudence ne veut pas s'endormir avant eux, et qu'après tout, la nuit est encore longue, et qu'avant quatre heures et demie il n'y a pas de station, ils ne s'inquiètent pas outre mesure, et cédant à la fatigue, ils s'endorment.

Et brusquement Plume s'aperçoit qu'il est quatre heures et quart, il réveille Pon... et ils sont d'accord pour s'affoler. Et, sans s'occuper d'autre chose que du prochain arrêt et du jour implacable qui va tout révéler, ils jettent vivement le mort par la portière. Mais comme déjà ils s'épongent le front, ils sentent le mort à leurs pieds. Ce n'était donc pas lui qu'ils ont jeté. Comment est-ce possible? Il avait pourtant la tête dans un journal. Enfin, à plus tard les interrogations! Ils empoignent le mort et le jettent dans la nuit. Ouf!

Que la vie est bonne aux vivants! Que ce compartiment est gai! Ils réveillent leur compagnon. Tiens c'est D... Ils réveillent les deux femmes.

« Réveillez-vous, nous approchons. Nous y serons bientôt. Tout s'est bien passé? Un train excellent, n'est-ce pas? Avez-vous bien dormi, au moins? »

Et ils aident la dame à descendre, et la jeune fille. La jeune fille qui les regarde sans rien dire. Eux restent. Ils ne savent plus que faire. C'est comme s'ils avaient tout terminé.

Le chef du convoi apparaît et dit :

« Allons, faites vite. Descendez avec vos témoins! »

« Mais nous n'avons pas de témoins », disent-ils.

« Eh bien, dit le chef du convoi, puisque vous voulez un témoin, comptez sur moi. Attendez un instant de l'autre côté de la gare, en face des guichets. Je reviens tout de suite, n'est-ce pas. Voici un laissez-passer. Je reviens dans un instant. Attendez-moi. »

Ils arrivent, et une fois là, ils s'enfuient, ils s'enfuient.

Oh! vivre maintenant, oh! vivre enfin!

V

L'ARRACHAGE DES TÊTES

Ils tenaient seulement à le tirer par les cheveux. Ils ne voulaient pas lui faire de mal. Ils lui ont arraché la tête d'un coup. Sûrement elle tenait mal. Ça ne vient pas comme ça. Sûrement il lui manquait quelque chose.

Quand elle n'est plus sur les épaules, elle embarrasse. Il faut la donner. Mais il faut la laver, car elle tache la main de celui à qui on la donne. Il fallait la laver. Car celui qui l'a reçue, les mains déjà baignées de sang, commence à avoir des soupçons et il commence à regarder comme quelqu'un qui attend des renseignements.

Bah! on l'a trouvée en jardinant... On l'a trouvée au milieu d'autres... On l'a choisie parce qu'elle paraissait plus fraîche. S'il en préfère une autre... on pourrait aller voir. Qu'il garde toujours celle-là en attendant...

Et ils s'en vont, suivis d'un regard qui ne dit ni oui ni non, un regard fixe.

Si on allait voir du côté de l'étang. Dans un étang

on trouve quantité de choses. Peut-être un noyé ferait-il l'affaire.

Dans un étang on s'imagine qu'on trouvera ce qu'on voudra. On en revient vite et l'on en revient bredouille.

Où trouver des têtes toutes prêtes à offrir? Où trouver ça sans trop d'histoires?

« Moi, j'ai bien mon cousin germain. Mais, nous avons autant dire la même tête. Jamais on ne croira que je l'ai trouvée par hasard.

— Moi... Il y a mon ami Pierre. Mais il est d'une force à ne pas se la laisser enlever comme ça.

— Bah, on verra. L'autre est venue si facilement. »

C'est ainsi qu'ils s'en vont en proie à leur idée, et ils arrivent chez Pierre. Ils laissent tomber un mouchoir. Pierre se baisse. Comme pour le relever, en riant, on le tire en arrière par les cheveux. La tête est venue, arrachée.

La femme de Pierre entre, furieuse... « Soulaud, voilà qu'il a encore renversé le vin. Il n'arrive même plus à le boire. Il faut encore qu'il le renverse à terre. Et ça ne sait même plus se relever... »

Et elle s'en va pour chercher de quoi nettoyer. Ils la retiennent donc par les cheveux. Le corps tombe en avant. La tête leur reste dans la main. Une tête furieuse, qui se balance, aux longs cheveux.

Un grand chien surgit, qui aboie fortement. On lui donne un coup de pied et la tête tombe.

Maintenant ils en ont trois. Trois c'est un bon chiffre. Et puis il y a du choix. Ce ne sont vraiment pas des têtes pareilles. Non, un homme, une femme, un chien.

Et ils repartent vers celui qui a déjà une tête, et ils le retrouvent qui attend.

Ils lui mettent sur les genoux le bouquet de têtes. Lui met à gauche la tête de l'homme, près de la première tête, et la tête de chien et la tête de femme et ses longs cheveux de l'autre côté. Puis il attend.

Et il les regarde d'un regard fixe, d'un regard qui ne dit ni oui ni non.

« Oh! celles-là, on les a trouvées chez un ami. Elles étaient là dans la maison... N'importe qui aurait pu les emporter. Il n'y en avait pas d'autres. On a pris celles qu'il y avait. Une autre fois on sera plus heureux. Après tout, ç'a été de la chance. Ce ne sont pas les têtes qui manquent, heureusement. Tout de même, il est déjà tard. Les trouver dans l'obscurité. Le temps de les nettoyer, surtout celles qui seraient dans la boue. Enfin, on essaiera... Mais, à nous deux, on ne peut quand même pas en rapporter des tombereaux. C'est entendu... On y va... Peut-être qu'il en est tombé quelques-unes depuis tout à l'heure. On verra... »

Et ils s'en vont, suivis d'un regard qui ne dit ni oui ni non, suivis d'un regard fixe.

« Oh moi, tu sais. Non! Tiens! Prends ma tête. Retourne avec, il ne la reconnaîtra pas. Il ne les regarde même pas. Tu lui diras... Tenez, en sortant, j'ai buté là-dessus. C'est une tête, il me semble. Je vous l'apporte. Et ce sera suffisant pour aujourd'hui, n'est-ce pas?...

— Mais, mon vieux, je n'ai que toi.

— Allons, allons, pas de sensibilité. Prends-la. Allons, tire, tire fort, mais plus fort, voyons.

— Non. Tu vois, ça ne va pas. C'est notre châtiment. Allez, essaie la mienne, tire, tire. »

Mais les têtes ne partent pas. De bonnes têtes d'assassins.

Ils ne savent plus que faire, ils reviennent, ils retournent, ils reviennent, ils repartent, ils repartent, suivis du regard qui attend, un regard fixe.

Enfin ils se perdent dans la nuit, et ça leur est d'un grand soulagement; pour eux, pour leur conscience. Demain, ils repartiront au hasard dans une direction, qu'ils suivront tant qu'ils pourront. Ils essaieront de se refaire une vie. C'est bien difficile. On essaiera. On essaiera de ne plus songer à rien de tout ça, à vivre comme avant, comme tout le monde...

REPOS DANS LE MALHEUR

Le Malheur, mon grand laboureur,
Le Malheur, assois-toi,
Repose-toi,
Reposons-nous un peu toi et moi,
Repose,
Tu me trouves, tu m'éprouves, tu me le prouves.
Je suis ta ruine.

Mon grand théâtre, mon havre, mon âtre,
Ma cave d'or,
Mon avenir, ma vraie mère, mon horizon.
Dans ta lumière, dans ton ampleur, dans ton horreur,
Je m'abandonne.

MON SANG

Le bouillon de mon sang dans lequel je patauge
Est mon chantre, ma laine, mes femmes.
Il est sans croûte. Il s'enchante, il s'épand.
Il m'emplit de vitres, de granits, de tessons.
Il me déchire. Je vis dans les éclats.

Dans la toux, dans l'atroce, dans la transe
Il construit mes châteaux
Dans des toiles, dans des trames, dans des taches
Il les illumine.

LA JEUNE FILLE DE BUDAPEST

Dans la brume tiède d'une haleine de jeune fille, j'ai pris place.
Je me suis retiré, je n'ai pas quitté ma place.
Ses bras ne pèsent rien. On les rencontre comme l'eau.
Ce qui est fané disparaît devant elle. Il ne reste que ses yeux.
Longues belles herbes, longues belles fleurs croissaient dans notre champ.
Obstacle si léger sur ma poitrine, comme tu t'appuies maintenant.
Tu t'appuies tellement, maintenant que tu n'es plus.

SUR LE CHEMIN DE LA MORT

Sur le chemin de la Mort,
Ma mère rencontra une grande banquise;
Elle voulut parler,
Il était déjà tard,
Une grande banquise d'ouate.

Elle nous regarda, mon frère et moi,
Et puis elle pleura.

Nous lui dîmes — mensonge vraiment absurde — que nous comprenions bien.
Elle eut alors ce si gracieux sourire de toute jeune fille,
Qui était vraiment elle,
Un si joli sourire, presque espiègle;
Ensuite, elle fut prise dans l'Opaque.

DANS LA NUIT

Dans la nuit
Dans la nuit
Je me suis uni à la nuit
A la nuit sans limites
A la nuit.
Mienne, belle, mienne.
Nuit
Nuit de naissance
Qui m'emplis de mon cri
De mes épis
Toi qui m'envahis
Qui fais houle houle
Qui fais houle tout autour
Et fume, es fort dense
Et mugis
Es la nuit.
Nuit qui gît, Nuit implacable.
Et sa fanfare, et sa plage,
Sa plage en haut, sa plage partout,
Sa plage boit, son poids est roi, et tout ploie sous lui
Sous lui, sous plus ténu qu'un fil,
Sous la nuit
La Nuit.

LA NUIT DES EMBARRAS

> Dans cet univers, il y a peu de sourires.
> Celui qui s'y meut fait une infinité de rencontres qui le blessent.
> Cependant, on n'y meurt pas.
> Si l'on meurt, tout recommence.

Les charrues en sucre blanc ou en verre soufflé ou en porcelaine sont un obstacle à la circulation.

Les nappes de lait caillé aussi, quand elles viennent jusqu'aux genoux.

Si par hasard chacun tombe dans une barrique, même si le fond a disparu et que les pieds soient libres, la marche et la circulation deviennent difficiles.

Si, au lieu des tonneaux, ce sont des kiosques (joyeux aux yeux d'autrui, certes, mais...) la marche y est fort fatigante.

Un monde de dos de vieilles pour trottoir, aussi.

Les fagots de baguettes de verre blessent, c'est inévitable. Les fagots en verre blessent, les fagots de tibias effraient plutôt.

Les murs en viande avariée, même fort épais, s'affaissent et se bombent. On ne peut pas dire qu'on puisse y vivre sans les surveiller un peu, tout le temps, du coin de l'œil.

Quand on aperçoit dans sa main de fines veines en acier, cela vous refroidit considérablement, la paume cesse d'être un creux, petite chemise maintenant tendue de pus, on est gêné, les interventions manuelles passent au strict minimum.

Un cratère qui, dans une joue adorable, s'ouvre sous le baiser, c'est bien peu charmant. Sa dentelle pourrie ne séduit pas. On se tourne d'un autre côté.

Les citrons noirs font peur à voir. Un jersey en vers de terre, s'il donne de la chaleur, la donne aux dépens de bien des sentiments.

Des hommes qui tombent coupés en deux par le travers, les tessons d'homme, ces gros tessons d'os et de chair, ne sont guère des compagnons.

Les têtes qui ne communiquent plus avec le ventre que par des lianes, ou sèches ou humides, qui songerait encore à leur parler, à leur parler intimement, c'est-à-dire, sans arrière-pensée, avec naturel? Et avec des lèvres de zinc, quelle tendresse est encore possible? Et si aux pauvres on offre des tartes à la compote de boulons, qui ne se vantera d'être riche?

Quand le beurre perdant l'équilibre sur le couteau, et grossi d'un coup, tombera comme une dalle, « gare aux genoux! »

Et voilà maintenant des corps de poulpe dans l'oreiller!

Et si la cravate devient de la colle coulante,

Et l'œil un caneton aveugle maigrement duveté et que le premier froid va assassiner,

Et si le pain se fait ours et réclame sa part et qu'il soit prêt à tuer.

Et si les oiseaux de proie qui désirent passer d'un coin du ciel à l'autre, aveuglés par on ne sait quelle idée, utilisent dorénavant comme trajet votre propre corps agrandi par miracle, se frayant un passage à travers les fibres des gros tissus; avec leur bec recourbé, ils font d'inutiles dégâts et les serres des maudits oiseaux se prennent gauchement dans les organes essentiels.

Et si, cherchant le salut dans la fuite, vos jambes et vos reins se fendent comme du pain rassis, et que chaque mouvement les rompe de plus en plus, de plus en plus. Comment s'en tirer maintenant? Comment s'en tirer?

LA NUIT DES DISPARITIONS

La nuit n'est pas comme le jour.
Elle a beaucoup de souplesse.

La bouche de l'homme s'ouvre. La langue s'arrache violemment et s'en retourne au monde aqueux et elle nage avec délices et les poissons admirent comme elle est restée souple. L'homme la poursuit, perdant son sang et lui, l'eau l'embarrasse. Il n'y voit pas fort clair. Non, il n'y voit pas fort clair.

Les œufs pour le repas du soir ont disparu. Cherchez-les dehors, mais au chaud. Œufs dans l'haleine d'un veau. Les œufs s'en vont là. C'est là qu'ils se plaisent. Ils se donnent rendez-vous dans l'haleine des veaux.

Allez me chercher mes ouragans! Où sont entrés mes ouragans? L'ouragan prend sa femme et ses enfants. Il les roule, il les emporte. Il part du milieu des mers. Il part pour un volcan, un volcan au panache clair qui le séduit fortement.

La prunelle trouve sa nacelle. Oh! revenez! revenez, nacelle. On pleure. On s'accroche. Le ballon n'a pas tellement besoin d'y voir. Il a surtout besoin d'un bon vent.

Le bras qui faisait ses adieux, tout à coup n'écoutant que son geste, s'en est allé. Il se dirige mal dans la nuit obscure. Il se heurte. La main s'accroche et le bras tournoie et oscille entre l'est et l'ouest. Et s'il arrive à rejoindre la bien-aimée, comment sera-t-il reçu? Comment? Sûrement, il fera peur. Le voici donc qui meurt, agrippé à une branche.

Un groupe de couteaux s'élèvent dans le tronc de l'arbre comme dans une cage d'ascenseur, s'éjectent et puis poignardent la campagne. Il devient imprudent de s'y aventurer. Les lapins qui durent sortir pour une cause ou l'autre s'en repentent amèrement et les blessures leur cuisent.

Pour finir, passe la brosse électrique. De chacun elle tire des étincelles, des animaux également, des arbres. Elle tire des étincelles, d'abord c'est joyeux. Puis elle en tire de longs fils lumineux, des fils cassés et la vie. Plus ne seront hommes, les hommes touchés. Ni chiens les chiens; ni saules les saules. Petits monuments de cendre et de charbon, petits monuments épars dans la campagne, que le vent vient dérober petit à petit en glissant.

NAISSANCE

Pon naquit d'un œuf, puis il naquit d'une morue et en naissant la fit éclater, puis il naquit d'un soulier; par bipartition, le soulier plus petit à gauche, et lui à droite, puis il naquit d'une feuille de rhubarbe, en même temps qu'un renard; le renard et lui se regardèrent un instant, puis filèrent chacun de leur côté. Ensuite, il naquit d'un cafard, d'un œil de langouste, d'une carafe; d'une otarie et il lui sortit par les moustaches, d'un têtard et il lui sortit du derrière, d'une jument et il lui sortit par les naseaux, puis il versait des larmes en cherchant les mamelles, car il ne venait au monde que pour téter. Puis il naquit d'un trombone et le trombone le nourrit pendant treize mois, puis il fut sevré et confié au sable qui s'étendait partout, car c'était le désert; et seul le fils du trombone peut se nourrir dans le désert, seul avec le chameau. Puis il naquit d'une femme et il fut grandement étonné, et réfléchissant sur son sein, il suçotait, il crachotait, il ne savait plus quoi; il remarqua ensuite que c'était une femme quoique personne ne lui eût jamais fait la moindre allusion à ce sujet; il commençait à lever la tête, tout seul, à la regarder d'un petit œil perspicace, mais la perspicacité n'était qu'une lueur, l'étonnement était bien plus grand et, vu son âge, son grand plaisir était quand même de faire glou glou glou, et de se rencoigner sur le sein, vitre exquise, et de suçoter.

Il naquit d'un zèbre, il naquit d'une truie, il naquit d'une guenon empaillée, une jambe accrochée à un faux cocotier et l'autre pendante; il en sortit plein d'une odeur d'étoupe et se mit à brailler et à siffler dans le bureau du naturaliste qui s'élança sur lui avec le dessein évident de l'empailler, mais il lui fit faux bond et naquit dans un parfait silence d'un fœtus qui se trouvait au fond d'un bocal, il lui sortit de la tête, une énorme tête spongieuse plus douce qu'un utérus où il mijota son affaire pendant plus de trois semaines; puis il naquit lestement d'une souris vivante, car il fallait se presser, le naturaliste ayant eu vent de quelque chose; puis il naquit d'un obus qui éclata en l'air; puis se sentant toujours observé, il trouva le moyen de naître d'une frégate et passa l'océan sous ses plumes; puis dans la première île venue naquit dans le premier être venu et c'était une tortue, mais comme il grandissait il s'aperçut que c'était le moyeu d'un ancien fiacre transporté là par des colons portugais. Alors, il naquit d'une vache, c'est plus doux, puis d'un lézard géant de la Nouvelle-Guinée, gros comme un âne, puis il naquit pour la seconde fois d'une femme, et faisant cela il songeait à l'avenir, car c'est encore les femmes qu'il connaissait le mieux, et avec lesquelles plus tard il serait le plus à l'aise, et déjà maintenant regardait cette poitrine si douce et pleine, en faisant les petites comparaisons que lui permettait son expérience déjà longue.

CHANT DE MORT

La fortune aux larges ailes, la fortune par erreur m'ayant emporté avec les autres vers son pays joyeux, tout à coup, mais tout à coup, comme je respirais enfin heureux, d'infinis petits pétards dans l'atmosphère me dynamitèrent et puis des couteaux jaillissant de partout me lardèrent de coups, si bien que je retombai sur le sol dur de ma patrie, à tout jamais la mienne maintenant.

La fortune aux ailes de paille, la fortune m'ayant élevé pour un instant au-dessus des angoisses et des gémissements, un groupe formé de mille, caché à la faveur de ma distraction dans la poussière d'une haute montagne, un groupe fait à la lutte à mort depuis toujours, tout à coup nous étant tombé dessus comme un bolide, je retombai sur le sol dur de mon passé, passé à tout jamais présent maintenant.

La fortune encore une fois, la fortune aux draps frais m'ayant recueilli avec douceur, comme je souriais à tous autour de moi, distribuant tout ce que je possédais, tout à coup, pris par on ne sait quoi venu par en dessous et par-derrière, tout à coup, comme une poulie qui se décroche, je basculai, ce fut un saut immense, et je retombai sur le sol dur de mon destin, destin à tout jamais le mien maintenant.

La fortune encore une fois, la fortune à la langue d'huile, ayant lavé mes blessures, la fortune comme un cheveu qu'on prend et qu'on tresserait avec les siens, m'ayant pris et m'ayant uni indissolublement à elle, tout à coup comme déjà je trempais dans la joie, tout à coup la Mort vint et dit : « Il est temps. Viens. » La Mort, à tout jamais la Mort maintenant.

DESTINÉE

Déjà nous étions sur le bateau, déjà je partais, j'étais au large, quand, m'arrivant tout d'un coup, comme l'échéance d'une dette, le malheur à la mémoire fidèle se présenta et dit : « C'est moi, tu m'entends, allons, rentre! » et il m'enleva, ce ne fut pas long, et me ramena comme on rentre sa langue.

Déjà sur le bateau, déjà l'océan aux voix confuses s'écarte avec souplesse, déjà l'océan dans sa grande modestie s'écarte avec bonté, refoulant sur lui-même ses longues lèvres bleues, déjà le mirage des terres lointaines, déjà... mais tout à coup...

Quand le malheur, prenant son panier et sa boîte à pinces, se rend dans les quartiers nouvellement éclairés, va voir s'il n'y a pas là un des siens qui aurait essayé d'égarer sa destinée...

Quand le malheur avec ses doigts habiles de coiffeur empoigne ses ciseaux, d'une main, de l'autre le système nerveux d'un homme, frêle échelle hésitante dans des chairs dodues, tirant des éclairs et des spasmes et le désespoir de cet animal de lin, épouvanté...

Oh, monde exécrable, ce n'est pas facilement qu'on tire du bien de toi.

Celui qui a une épingle dans l'œil, l'avenir de la marine anglaise ne l'intéresse plus. Dormir, s'il pouvait seulement dormir. Mais la paupière recouvrant son mal comme une brosse...

Sur un œil, pour peu qu'on le sorte convenablement, on peut aussi faire tourner magnifiquement des assiettes.

C'est merveille de voir ça, on ne se lasserait pas de regarder. Mais celui qui en souffre, de cet œil, prend à ce jeu une part qu'il revendrait volontiers, oh! il ne se ferait pas prier... Oh non, ou du moins pas longtemps.

MOUVEMENTS DE L'ÊTRE INTÉRIEUR

La poudrière de l'être intérieur ne saute pas toujours. On la croirait de sable. Puis, tout à coup, ce sable est à l'autre bout du monde et, par des écluses bizarres, descend la cataracte de bombes.

En vérité, celui qui ne connaît pas la colère ne sait rien. Il ne connaît pas l'immédiat.

Puis la colère rencontre la patience lovée sur elle-même. Sitôt touchée, celle-ci se dresse et se confond avec celle-là, et fonce comme un obus et tout ce qu'elle rencontre elle le renie et le transperce.

Puis, roulant ensemble, elles rencontrent la confiance à la grosse tête et les autres vertus, et la débâcle s'étend sur toutes les zones.

La vitesse remplace le poids et fait fi du poids.

Comme un cil pointant au bord d'une paupière y est mieux à sa place qu'au bout d'un nez, la vélocité est à sa place dans l'être intérieur. Elle y est plus naturelle que dans la patte d'une tortue atteinte de paralysie.

Quand la concupiscence halant ses bateaux de

fièvre dans la campagne immense de l'être intérieur... Quoi! Qu'est-ce donc que cette brume qui monte?

L'être intérieur combat continuellement des larves gesticulantes. Il se trouve tout à coup vidé d'elles comme d'un cri, comme de détritus emportés par un ouragan soudain.

Mais l'envahissement reprend bientôt par le bas, et le calme d'un instant est soulevé et troué comme le couvercle des champs par les grains de blé avides de croître.

Il faut voir l'être intérieur attaquant la concupiscence. Quel boulanger plongea jamais d'aussi énormes mains dans son pétrin? Quel boulanger vit-on pareillement accablé par la montagne mouvante, montante, croulante, de la pâte? Une pâte qui cherche le plafond et le crèvera.

L'être intérieur collabore avec la concupiscence dans la joie ou avec réserve. Mais toujours il est traqué par cet envahisseur gonflant.

L'être intérieur a tous les mouvements, il se lance à une vitesse de flèche, il rentre ensuite comme une taupe, il a d'infinies hibernations de marmotte. Quel être mouvementé! Et la mer est trop mesquine, trop lente pour pouvoir lui être comparée, la mer à la gueule ravagée.

Enfin, s'attaquant à l'homme vaincu d'avance, la Peur.

Quand la Peur, au ruissellement mercuriel, envahit la pauvre personnalité d'un homme qui devient aussitôt comme un vieux sac,

Écartant tout quand elle entre, en Souveraine, s'assied et se débraille sur les sièges culbutés de toutes les vertus,

Décongestif unique du bonheur, quand la Peur,
Quand la Peur, homard atroce, agrippe la moelle épinière avec ses gants de métal...
Oh, vie continuellement infecte!
Le désespoir et la fatigue s'unissent. Et le soleil se dirige d'un autre côté.

LE DRAME DES CONSTRUCTEURS

Acte unique

écrit en 1930, représenté en 1937 à Paris.

SCÈNE I

Cet acte se passe à la promenade des constructeurs, dans les allées du jardin entourant l'asile.

Ils parlent en partie pour eux-mêmes, en partie pour l'Univers.

Leur apparence extérieure : adultes, penseurs, persécutés.

On voit les gardiens dans le lointain. Chaque fois qu'ils approchent les constructeurs se dispersent.

A. *(orgueilleusement)*. — Souvent, jouant aux dés, tout à coup, je me dis : « Avec ce dé, je ferais une ville » et je ne termine pas la partie, tant que je n'ai pas construit une ville.

Et pourtant, c'est bien difficile... et quand il faut loger des Anglais dans un dé, avec le square qu'ils veulent à tout prix et leur terrain de golf, eh bien, celui qui dit que c'est facile, qu'il le fasse. Et que ne l'a-t-il déjà fait? Ce n'est pas les dés qui manquent, je suppose.

B. *(avec bonté)*. — Écoutez-moi. Faites-vous d'abord la main sur des puces. Non seulement petite, délicate, mais par-dessus tout, sauteuse, la puce. *(S'adressant à tous.)* Avouez-le, voyons. Ne faites pas la mauvaise tête, vous savez bien tous qu'une puce vit de sauts.

A. *(véhément)*. — Vous avez logé des Anglais dans une puce?

(Coupant.) On peut les voir? Et intacts, hein?

B. — Intacts... pourquoi pas? Ils ne sont pas plus fragiles que d'autres; tenez, Manchester, c'est pourri d'Anglais...

C. *(avec douceur, rêvant)*. — Moi, je construisis une ville où on pouvait... où on aurait pu espérer vivre tranquille... et pourtant!...

Enfin, je la construisis... avec des rues tellement étroites que même un chat n'y pouvait passer que difficilement... Les voleurs n'essayaient même pas de s'échapper. D'avance, ils étaient pris, c'était fatal. Ils restaient là, figés, avec le regard de l'angoisse...

E. *(en passant)*. — ... Vous avez dû avoir des ennuis, hein, avec votre ville? *(Il s'est arrêté un instant pour écouter.)* Oh! Elles sont mauvaises... *(Il repart.)*

C. *(poursuivant son rêve)*. — Dans mes théâtres, pas de public.

Au balcon, j'asseyais des télescopes. Ils restaient là pendant des heures aux écoutes... furetant le drame... et les petites lunettes aux galeries, penchées les unes sur les autres avec sympathie... et regardant... regardant...

B. *(réfléchissant)*. — Oui, un télescope, on doit pouvoir compter là-dessus.

C. *(vivement)*. — Oh! Les petites lunettes aussi... *(Puis, de nouveau, lentement et rêveur.)*

... Mes maisons exténuées, les soirs de septembre, qui s'affaissaient tout à coup, ouvrant leurs portes et fenêtres, tandis que leur cheminée s'allongeait, émanant comme un pistil... comme un clocher...

... Et ma ville d'icebergs! Des icebergs à garde-fou et plantés où le dernier des morses a son champ, et le laboure lui-même, avec la masse de son corps pour tracer le sillon...

Les baleines pochées, qui échouent au petit matin dans les rues, obstruant tout, répandant une odeur de...

A. *(furieux)*. — Des baleines! Des baleines! Je n'en veux pas. On est déjà assez à l'étroit. Il n'a qu'à s'occuper à du plus petit. Je travaille dans les dés, je me force, je me rends myope et voilà qu'on veut nous amener des baleines. Il n'a qu'à les réduire. Qu'il en fasse des têtards! *(D'une voix terrible.)* Des têtards!

B. à C. *(conciliant)*. — C'est juste, tu comprends, on est trop surveillé ici. On est enlevé pour un rien. Tu partirais. Et puis tu nous vois restant avec des baleines. Nous ne les connaissons pas. Ça profite d'un rien d'eau ces bêtes-là, pour bousculer, culbuter, épouvanter. Ce ne serait pas pittoresque, hein, grand frère, grand constructeur. *(Paternel, après une courte réflexion.)* Tu pourrais peut-être faire de fausses baleines, et quand arrivent les espions, tu les piques, tes baleines, et elles leur pètent au nez. Si lui t'embête *(désignant* A.*)*, même chose... pètent au nez. Baleine? Pas vu! Pas de baleine! *(Riant.)* Elle a plongé, la baleine!

(On voit approcher les gardiens.)

(A., B. et C. font pst... pst... Ils se taisent, font quelques pas vers l'extrémité de la scène.)

D. *(qui est resté assis, larmoyant)*. — Fainéants! Fainéants! Usurpateurs!

(Sanglotant.) Moi qui ai tellement construit dans mon œil que je vais bientôt perdre la vue! *(Silence.)*

... Il ne faudrait pas, qu'après avoir souffert ce que j'ai souffert, on vienne encore m'enlever mon bien.

SCÈNE II

F. *(assis, réfléchissant profondément, scandant les mots)*. — Une ville... le plus benêt peut construire une ville. Moi, je veux construire « courir », et puis, que ça coure... toujours... courir, quoi! Et ne serait-ce que courir vingt-cinq ans d'affilée, ce n'est pas commode. Cela conduit à un épuisement certain. Mais je vais stabiliser tout ça. Courir, vous verrez comme ça deviendra facile et... enchaîné.

G. — Il y a erreur, je ne fais pas de ville. Je suis le constructeur de l'obus pour aller à la lune. Et non seulement il y alla, mais il la traversa de part en part. Ce n'est rien, ça?

Dieu le Père. — Non, courir vingt ans de suite,

nous ne voulons pas de ça. Ce n'est pas bon pour l'homme, il fait assez d'excès sans cela.

B. *(s'adressant à Dieu le Père)*. — Vous n'auriez pas dû permettre non plus qu'un obus atteigne la lune.

DIEU LE PÈRE. — La lune n'a rien senti, mon ami, je la tenais.

D. *(accourt, affolé, en pleurant)*. — Dieu le Père, je vous en supplie, enlevez-moi la ville qu'ils m'ont mise dans le ventre! Dieu le Père, je vous en supplie!

(Mais les gardiens arrivent. Les constructeurs se dispersent pour se regrouper dès que les gardiens s'en vont.)

SCÈNE III

H. *(avec suffisance)*. — Mon ami, Œil de Cade, construisit une mouche de la taille d'un cheval. Avec cette monture il pouvait aller loin. Bien! Mais qu'est-ce qu'une mouche-cheval comparée aux cent mille choses que j'ai construites, qui peuplent l'univers et en bien des endroits le constituent uniquement.

DIEU LE PÈRE. — Qu'on aille me chercher Œil de Cade. Il y a assez longtemps qu'il empeste ma création.

H. — Oh, il n'avait pas tellement de talent.

DIEU LE PÈRE. — Suffit! Je vous ai reconnu. Il n'y a pas deux barbes comme ça sur le Globe. Un exemple tout de suite! Qu'on prépare la marmite de l'enfer! Allons!

Mais comment diable avez-vous pu gaspiller ainsi

des mouches? N'avez-vous donc pas senti des remords en voyant tous ces chevaux affolés? Des chevaux que, moi, j'étais ensuite obligé de nourrir et d'instruire? Car ils ne savaient rien, incapables même de poser leurs sabots convenablement. Et qui devait leur fournir des juments? Moi, toujours moi. Qui me donnera un instant de repos? *(Les gardes apparaissent. Les constructeurs se dispersent.)*

SCÈNE IV

D. *(revenu sur scène; se laissant aller à un souvenir heureux).* — Autrefois, je bâtissais sur Jupiter... un sol excellent; un sous-sol parfait, mais les femmes n'arrivent pas à se plaire à l'étranger. La mienne... vous saisissez, mais cela va prendre fin. J'ai retrouvé un peu de poudre HDZ. *(Il roule du sable dans sa main.)* Avec ça, on part tout seul. *(Désignant les gardiens.)* Ils auront beau regarder, pft... adieu. *(S'adressant aux autres.)* Venez sur Jupiter, venez, il y a du travail pour tous. On partira cet après-midi.

(Quelques-uns répètent avec égarement : On partira cet après-midi! On partira cet après-midi! *Les gardes approchent et les constructeurs se dispersent.)*

F. *(reste seul assis, pensant gravement en regardant les gardes, comme s'il allait les envoûter, et, hochant la tête d'un air de conviction définitive).* — Il n'y a pas d'erreur, ce qu'il faut, c'est les changer en statues... tout simplement.

SCÈNE V

C. *(se lève brusquement, exécute une série de passes pour hypnotiser les gardiens qui ont le dos tourné et prend les constructeurs à témoin.)*

C. — Là! Là! Ce sera bientôt fini, là, bien lisses... bien durs... *(Brusquement les gardiens se déplacent.)* Les malins! Juste à temps!

B. *(riant).* — Et si on les changeait en cheminées, pfi... pfi... en cheminées de locomotives, pfi... pfi... pfi pfi pfi... pfi pfi pfi pfi pfi pfi pfi *(imitant le bruit d'un train qui s'éloigne et faisant de la main le geste des adieux).* Adios! Adios!

D. *(doucement à B.).* — Laisse-les, c'est moi qui veux partir.

A. *(qui jusqu'ici marchait nerveusement de long en large, se campant au milieu d'eux).* — Ne vous inquiétez plus. Mes Tartares sont là, de l'autre côté. A deux heures tapant, cet après-midi, je vous le promets. A deux heures tapant... *(Gesticulant comme pour indiquer qu'ils vont détruire tout, il s'en va brusquement).* Exterminés, nos petits mouchards!

DIEU LE PÈRE *(s'énervant aussi et se tournant vers les gardiens).* — Pécheurs enracinés dans votre mauvaise conduite à mon égard, vous l'aurez voulu. *(S'adressant aux constructeurs.)* Je vous les livre. *(Il s'en va, d'un air de juge.)*

SCÈNE VI

C. *(regardant au loin).* — Tous ceux que j'ai changés en plaines! Voyez cette étendue. Tout ça c'était des gardiens, autrefois. Cet arbre-là, c'était un gardien. Un vieux malin. Je l'ai saisi pendant qu'il dormait. Je n'ai eu qu'à le relever...

Ça consomme des gardiens, allez, un horizon comme cela. Je vais faire encore quelques collines par là *(désignant un point éloigné de l'horizon)* avec ceux qui restent. Cet après-midi... je vous montrerai mon pays dans le détail. Un pays uniquement construit avec des gardiens!

SCÈNE VII

A. *(revenant en scène, l'air mauvais, balançant la tête de gauche à droite, aborde* E.*, lui prenant une oreille puis l'autre, les examinant rapidement).* — Bien! Donne-m'en une. Celle-ci ou celle-là, comme tu veux. Je te la rendrai. Je rendrai l'ouïe à tous les sourds. (E. *s'enfuit en criant. Prenant l'oreille de* C.). Viens, toi. Donne voir. Donne. Je te la rends tout de suite, et aménagée royalement. Je construirai une ville dans ton oreille. Une sacrée ville, va. Une ville à moi, avec des trains, des trains, des métropolitains, des baleines aussi, puisque tu en voulais. Des baleines. Des baleines à détente. *(S'exaltant.)* Des baleines en l'air, plonger, filer, voler; partez, dirigeables. *(Pendant que* C. *crie à cause de son oreille* *que* A. *ne lâche pas.)* Quel remous ça va faire. Plus rien que des baleines. Plus de refuge. Les voilà. Qui parle de reculer? *(Les gardiens arrivent.)*

(Déclamant.) Alors, résolument, il se jeta dans la baleine. *(Il fonce sur les gardiens; on le maintient; cependant, il fonce dessus rythmiquement après chacune de ses phrases.)*

Alors, la mort dans l'âme, il plongea dans la baleine. *(Il se retire un peu, puis se précipite encore contre eux, grâce à la force de sa rage.)*

Alors, éperdu, il se jeta dans la baleine!

. . . .

Alors, fermant les yeux, il plongea dans la baleine!

. . . .

Alors, écartant les montagnes de corps arides... *(Mais on l'emporte.)*

C. *(qui n'a pas bougé et qui a compté les gardiens, réfléchissant posément).* — Sept saules encore à planter! Ce sera pour demain après-midi... Ou sept bosquets... ou sept... collines; décidément, oui, des collines, c'est encore le plus sûr.

(RIDEAU)

LA NUIT REMUE

(1935)

MON ROI

Dans ma nuit, j'assiège mon Roi, je me lève progressivement et je lui tords le cou.

Il reprend des forces, je reviens sur lui, et lui tords le cou une fois de plus.

Je le secoue, et le secoue comme un vieux prunier, et sa couronne tremble sur sa tête.

Et pourtant, c'est mon Roi, je le sais et il le sait, et c'est bien sûr que je suis à son service.

Cependant, dans la nuit, la passion de mes mains l'étrangle sans répit. Point de lâcheté pourtant, j'arrive les mains nues et je serre son cou de Roi.

Et c'est mon Roi, que j'étrangle vainement depuis si longtemps dans le secret de ma petite chambre; sa face d'abord bleuie, après peu de temps redevient naturelle, et sa tête se relève, chaque nuit, chaque nuit.

Dans le secret de ma petite chambre, je pète à la figure de mon Roi. Ensuite, j'éclate de rire. Il essaie de montrer un front serein, et lavé de toute injure. Mais je lui pète sans discontinuer à la figure, sauf pour me retourner vers lui, et éclater de rire à sa noble face, qui essaie de garder de la majesté.

C'est ainsi que je me conduis avec lui; commencement sans fin de ma vie obscure.

Et maintenant je le renverse par terre, et m'assieds sur sa figure — son auguste figure disparaît — mon pantalon rude aux tâches d'huile, et mon derrière — puisqu'enfin c'est son nom — se tiennent sans embarras sur cette face faite pour régner.

Et je ne me gêne pas, ah non, pour me tourner à gauche et à droite, quand il me plaît et plus même, sans m'occuper de ses yeux ou de son nez qui pourraient être dans le chemin. Je ne m'en vais qu'une fois lassé d'être assis.

Et si je me retourne, sa face imperturbable règne, toujours.

Je le gifle, je le gifle, je le mouche ensuite par dérision comme un enfant.

Cependant, il est bien évident que c'est lui le Roi, et moi son sujet, son unique sujet.

A coups de pied dans le cul, je le chasse de ma chambre. Je le couvre de déchets de cuisine et d'ordures. Je lui casse la vaisselle dans les jambes. Je lui bourre les oreilles de basses et pertinentes injures, pour bien l'atteindre à la fois profondément et honteusement, de calomnies à la Napolitaine particulièrement crasseuses et circonstanciées, et dont le seul énoncé est une souillure dont on ne peut plus se défaire, habit ignoble fait sur mesure : le purin vraiment de l'existence.

Eh bien, il me faut recommencer le lendemain.

Il est revenu; il est là. Il est toujours là. Il ne peut pas déguerpir pour de bon. Il doit absolument m'imposer sa maudite présence royale dans ma chambre déjà si petite.

Il m'arrive trop souvent d'être impliqué dans des procès. Je fais des dettes, je me bats au couteau, je fais violence à des enfants, je n'y peux rien, je n'arrive pas à me pénétrer de l'esprit des Lois.

Quand l'adversaire a exposé ses griefs au tribunal, mon Roi écoutant à peine mes raisons reprend la plaidoirie de l'adversaire qui devient dans sa bouche auguste le réquisitoire, le préliminaire terrible qui va me tomber dessus.

A la fin seulement, il apporte quelques restrictions futiles.

L'adversaire, jugeant que c'est peu de chose, préfère retirer ces quelques griefs subsidiaires que le tribunal ne retient pas. Il lui suffit simplement d'être assuré du reste.

C'est à ce moment que mon Roi reprend l'argumentation depuis le début, toujours comme s'il la faisait sienne, mais en la rognant encore légèrement. Cela fait, et l'accord établi sur ces points de détail, il reprend encore l'argumentation, depuis le début, et, l'affaiblissant ainsi petit à petit, d'échelon en échelon, de reprise en reprise, il la réduit à de telles billevesées, que le tribunal honteux et les magistrats au grand complet se demandent comment on a osé les convoquer pour de pareilles vétilles, et un jugement négatif est rendu au milieu de l'hilarité et des quolibets de l'assistance.

Alors, mon Roi, sans plus s'occuper de moi que si je n'étais pas en question, se lève et s'en va impénétrable.

On peut se demander si c'est une besogne pour un Roi; c'est là pourtant qu'il montre ce qu'il est, ce tyran, qui ne peut rien, rien laisser faire sans que sa puissance d'envoûtement ne soit venue se manifester, écrasante et sans recours.

Imbécile, qui tentai de le mettre à la porte! Que ne le laissai-je dans cette chambre tranquillement, tranquillement sans m'occuper de lui.

Mais non. Imbécile que j'ai été, et lui, voyant comme c'était simple de régner, va bientôt tyranniser un pays entier.

Partout où il va, il s'installe.

Et personne ne s'étonne, il semble que sa place était là depuis toujours.

On attend, on ne dit mot, on attend que Lui décide.

Dans ma petite chambre viennent et passent les animaux. Pas en même temps. Pas intacts. Mais ils passent, cortège mesquin et dérisoire des formes de la nature. Le lion y entre la tête basse, pochée, cabossée comme un vieux paquet de hardes. Ses pauvres pattes flottent. Il progresse on ne sait comment, mais en tout cas comme un malheureux.

L'éléphant entre dégonflé et moins solide qu'un faon.

Ainsi du reste des animaux.

Aucun appareil. Aucune machine. L'automobile y entre strictement laminée et ferait à la rigueur un parquet.

Telle est ma petite chambre où mon inflexible Roi ne veut rien, rien qu'il n'ait malmené, confondu, réduit à rien, où moi cependant j'ai appelé tant d'êtres à devenir mes compagnons.

Même le rhinocéros, cette brute qui ne peut

sentir l'homme, qui fonce sur tout (et si solide, taillé en roc), le rhinocéros lui-même un jour, entra en brouillard presque impalpable, évasif et sans résistance... et flotta.

Cent fois plus fort que lui était le petit rideau de la lucarne, cent fois plus que lui, le fort et l'impétueux rhinocéros qui ne recule devant rien.

Mais mon Roi ne veut pas que les rhinocéros entrent autrement que faibles et dégoulinants.

Une autre fois, peut-être lui permettra-t-il de circuler avec des béquilles... et, pour le circonscrire, un semblant de peau, une mince peau d'enfant qu'un grain de sable écorchera.

C'est comme cela que mon Roi autorise les animaux à passer devant nous. Comme cela seulement.

Il règne; il m'a; il ne tient pas aux distractions.

Cette petite menotte rigide dans ma poche, c'est tout ce qui me reste de ma fiancée.

Une menotte sèche et momifiée (se peut-il vraiment qu'elle fût à elle?). C'est tout ce qu'il m'a laissé d'Elle.

Il me l'a ravie. Il me l'a perdue. Il me l'a réduite à rien!

Dans ma petite chambre, les séances du palais sont tout ce qu'il y a de plus misérable.

Même les serpents ne sont pas assez bas, ni rampants pour lui, même un pin immobile l'offusquerait.

Aussi, ce qui paraît à sa Cour (à notre pauvre petite chambre!) est-il si incroyablement décevant que le dernier des prolétaires ne saurait l'envier.

D'ailleurs, qui d'autre que mon Roi, et moi qui en ai l'habitude, pourrait saisir quelque être respectueux dans ces avances et reculs de matière obscure, ces petits ébats de feuilles mortes, ces gouttes peu nombreuses qui tombent graves et désolées dans le silence.

Vains hommages, d'ailleurs!

Imperceptibles sont les mouvements de Sa face, imperceptibles.

LE SPORTIF AU LIT

Il est vraiment étrange que, moi qui me moque du patinage comme de je ne sais quoi, à peine je ferme les yeux, je vois une immense patinoire.

Et avec quelle ardeur je patine!

Après quelque temps, grâce à mon étonnante vitesse qui ne baisse jamais, je m'éloigne petit à petit des centres de patinage, les groupes de moins en moins nombreux s'échelonnent et se perdent. J'avance seul sur la rivière glacée qui me porte à travers le pays.

Ce n'est pas que je cherche des distractions dans le paysage. Non. Je ne me plais qu'à avancer dans l'étendue silencieuse, bordée de terres dures et noires, sans jamais me retourner, et, si souvent et si longtemps que je l'aie fait, je ne me souviens pas d'avoir jamais été fatigué, tant la glace est légère à mes patins rapides.

◇

Au fond, je suis un sportif, le sportif au lit. Comprenez-moi bien, à peine ai-je les yeux fermés que me voilà en action.

Ce que je réalise comme personne, c'est le plongeon. Je ne me souviens pas, même au cinéma, d'avoir vu un plongeon en fil à plomb comme j'en exécute. Ah, il n'y a aucune mollesse en moi dans ces moments.

Et les autres, s'il y a des compétiteurs, n'existent pas à côté de moi. Aussi n'est-ce pas sans sourire que j'assiste, quand exceptionnellement ça m'arrive, à des compétitions sportives. Ces petits défauts un peu partout dans l'exécution qui ne frappent pas le vulgaire appellent immédiatement l'attention du virtuose, ce ne sont pas encore ces gaillards-là, ces « Taris » ou autres qui me battront. Ils n'atteignent pas la vraie justesse.

Je puis difficilement expliquer la perfection de mes mouvements. Pour moi ils sont tellement naturels. Les trucs du métier ne me serviraient à rien, puisque je n'ai jamais appris à nager, ni à plonger. Je plonge comme le sang coule dans les veines. Oh! glissement dans l'eau! Oh! l'admirable glissement! On hésite à remonter. Mais je parle en vain. Qui parmi vous comprendra jamais à quel point on peut y circuler comme chez soi? Les véritables plongeurs ne savent plus que l'eau mouille. Les horizons de la terre ferme les stupéfient. Ils retournent constamment au fond de l'eau.

◇

Qui, me connaissant, croirait que j'aime la foule? C'est pourtant vrai que mon désir secret semble d'être entouré. La nuit venue, ma chambre silencieuse se remplit de monde et de bruits; les corridors de l'hôtel paisible s'emplissent de groupes qui se croisent et se coudoient, les escaliers encombrés ne suffisent plus; l'ascenseur à la descente comme à la montée, est toujours plein. Le boulevard Edgar-Quinet, une cohue jamais rencontrée s'y écrase, des camions, des autobus, des cars y passent, des wagons de marchandise y passent et, comme si ça ne suffisait pas, un énorme paquebot comme le « Normandie », profitant de la nuit, est venu s'y mettre en cale sèche, et des milliers de marteaux frappent joyeusement sur sa coque qui demande à être réparée.

A ma fenêtre, une énorme cheminée vomit largement une fumée abondante; tout respire la générosité des forces des éléments et de la race humaine au travail.

Quant à ma chambre qu'on trouve si nue, des tentures descendues du plafond lui donnent un air de foire, les allées et venues y sont de plus en plus nombreuses. Tout le monde est animé; on ne peut faire un geste sans rencontrer un bras, une taille, et enfin, étant donné la faible lumière, et le grand nombre d'hommes et de femmes qui tous craignent la solitude, on arrive à participer à un emmêlement si dense et extraordinaire qu'on perd de vue ses petites fins personnelles..., c'est la tribu, ressuscitée miraculeusement dans ma chambre, et l'esprit de la tribu, notre seul dieu, nous tient tous embrassés.

LES PETITS SOUCIS DE CHACUN

Une fourmi ne s'inquiète pas d'un aigle. La fureur, la férocité du tigre n'évoque rien dans son esprit, l'œil féroce de l'aigle ne la fascine pas, pas du tout.

Dans une fourmilière, jamais il n'est question d'aigles.

La lumière en petits bonds n'inquiète guère un chien. Cependant, un microbe qui voit arriver la lumière, les éléments des rayons un tout petit peu plus petits que lui, mais nombreux, nombreux et durs, sent avec désespoir les battements innombrables qui vont le disloquer, le secouer jusqu'à la mort; même le damné gonocoque qui fait tellement pour compliquer les relations entre hommes et femmes, est pris de désespoir et abandonne, forcé, sa dure vie.

EN RESPIRANT

Parfois je respire plus fort et tout à coup, ma distraction continuelle aidant, le monde se soulève avec ma poitrine. Peut-être pas l'Afrique, mais de grandes choses.

Le son d'un violoncelle, le bruit d'un orchestre tout entier, le jazz bruyant à côté de moi, sombrent dans un silence de plus en plus profond, profond, étouffé.

Leur légère égratignure collabore (à la façon dont un millionième de millimètre collabore à faire un mètre) à ces ondes de toutes parts qui s'enfantent, qui s'épaulent, qui font le contrefort et l'âme de tout.

NUIT DE NOCES

Si, le jour de vos Noces, en rentrant, vous mettez votre femme à tremper la nuit dans un puits, elle est abasourdie. Elle a beau avoir toujours eu une vague inquiétude...

« Tiens, tiens, se dit-elle, c'est donc ça, le mariage. C'est pourquoi on en tenait la pratique si secrète. Je me suis laissée prendre en cette affaire. »

Mais étant vexée, elle ne dit rien. C'est pourquoi vous pourrez l'y plonger longuement et maintes fois, sans causer aucun scandale dans le voisinage.

Si elle n'a pas compris la première fois, elle a peu de chances de comprendre ultérieurement, et vous avez beaucoup de chances de pouvoir continuer sans incident (la bronchite exceptée), si toutefois ça vous intéresse.

Quant à moi, ayant encore plus mal dans le corps des autres que dans le mien, j'ai dû y renoncer rapidement.

LE CIEL DU SPERMATOZOÏDE

Le physique du spermatozoïde de l'homme ressemble etrangement à l'homme, à son caractère, veux-je dire.

Le physique de l'ovule de la femme ressemble étonnamment au caractère de la femme.

L'un et l'autre sont très petits. Le spermatozoïde est très, très long, et véritablement saisi d'une idée fixe. L'ovule exprime l'ennui et l'harmonie à la fois. Son apparence est de presque une sphère.

Tous les spermatozoïdes ne sont pas comme celui de l'homme, tant s'en faut. Celui du crabe, et davantage encore celui de l'écrevisse, ressemble à la corolle d'une fleur. Ses bras souples, rayonnants, ne semblent pas à la recherche d'une femelle, mais du ciel.

Cependant, étant donné la reproduction régulière des crabes, on suppose bien qu'il en va autrement.

En fait, on ne sait rien du ciel du crabe, quoique à bien des gens il soit arrivé d'attraper des crabes par les pattes pour mieux les observer. On sait moins encore du ciel du spermatozoïde du crabe.

LE VILLAGE DE FOUS

Autrefois si gai, maintenant un village désert. Un homme sous un auvent attendait la fin de la pluie; or il gelait ferme, il n'y avait aucune apparence de pluie avant longtemps.

Un cultivateur cherchait son cheval parmi les œufs. On venait de le lui voler. C'était jour de marché. Innombrables étaient les œufs dans d'innombrables paniers. Certes, le voleur avait pensé de la sorte décourager les poursuivants.

Dans une chambre de la Maison Blanche, un homme entraînait sa femme vers le lit.

« Veux-tu! lui dit-elle. S'il se trouvait que je fusse ton père!

— Tu ne peux être mon père, répondit-il, puisque tu es femme et puis nul homme n'a deux pères.

— Tu vois, toi aussi tu es inquiet. »

Il sortit accablé; un Monsieur en habit le croisa et dit :

« Aujourd'hui, il n'y a plus de reines. Inutile d'insister, il n'y en a plus. » Et il s'éloigna avec des menaces.

L'AGE HÉROÏQUE

Le Géant Barabo, en jouant, arracha l'oreille de son frère Poumapi.

Poumapi ne dit rien, mais comme par distraction il serra le nez de Barabo et le nez fut emporté.

Barabo en réponse se baissa, rompit les orteils de Poumapi et après avoir d'abord feint de vouloir jongler avec, les fit disparaître prestement derrière son dos.

Poumapi fut surpris. Mais il était trop fin joueur pour en rien marquer. Il fit au contraire celui que quelques orteils de moins ne privent pas.

Cependant, par esprit de riposte, il faucha une fesse de Barabo.

Barabo, on peut le croire, tenait à ses fesses, à l'une comme à l'autre. Cependant, il dissimula son sentiment et reprenant tout de suite la lutte, arracha avec une grande cruauté unie à une grande force la mâchoire inférieure de Poumapi.

Poumapi fut désagréablement surpris. Mais il n'y avait rien à dire. Le coup était franc, il avait été exécuté en face, sans tricherie aucune.

Poumapi essaya même de sourire, ce fut dur, oh! ce fut dur.

L'extérieur ne s'y prêtait pas, l'intérieur non plus. Il ne s'attarda donc pas à cet effort, mais suivant son idée, il reprit la lutte, visa le nombril, défonça l'abdomen, et par le trou entreprit d'introduire le pied même de Barabo, qu'il parvint à tordre d'abord puis à immobiliser dans la plaie comme une borne.

Barabo se trouva surpris.

Son équilibre sur une seule jambe sans orteils laissait bien à désirer. Mais il n'en témoigna rien, fit celui qui est à l'aise, qui a des appuis partout et attendit.

A ce moment Poumapi, qui avait presque gagné, commit une grande faute. Il s'approcha.

Alors, comme une flèche, Barabo plongea, fut sur lui, lui démit un bras, s'accrocha à l'autre, le démit pareillement, et s'effondra d'une chute si savante sur le malchanceux Poumapi qu'il lui brisa les deux jambes.

Couchés corps à corps, pareillement exténués, et accablés de souffrance, Poumapi et Barabo essayaient vainement de s'étrangler.

Le pouce de Poumapi était bien appliqué au cou, mais les forces pour serrer efficacement lui manquaient.

Les mains de Barabo étaient encore assez nerveuses, mais la prise était mauvaise, il serrait inutilement le cou de Poumapi.

Devant ce comble de circonstances adverses le cœur des deux frères faillit, ils se regardèrent quelques instants avec une grandissante indifférence, puis se retournant chacun de leur côté s'évanouirent.

La lutte était terminée, du moins pour aujourd'hui.

CONTRE!

Je vous construirai une ville avec des loques, moi!
Je vous construirai sans plan et sans ciment
Un édifice que vous ne détruirez pas,
Et qu'une espèce d'évidence écumante
Soutiendra et gonflera, qui viendra vous braire au nez,
Et au nez gelé de tous vos Parthénons, vos arts arabes, et de vos Mings.

Avec de la fumée, avec de la dilution de brouillard
Et du son de peau de tambour,
Je vous assoirai des forteresses écrasantes et superbes,
Des forteresses faites exclusivement de remous et de secousses,
Contre lesquelles votre ordre multimillénaire et votre géométrie
Tomberont en fadaises et galimatias et poussière de sable sans raison.

Glas! Glas! Glas sur vous tous, néant sur les vivants!
Oui, je crois en Dieu! Certes, il n'en sait rien!
Foi, semelle inusable pour qui n'avance pas.

Oh monde, monde étranglé, ventre froid!
Même pas symbole, mais néant, je contre, je contre,
Je contre et te gave de chiens crevés.
En tonnes, vous m'entendez, en tonnes, je vous arracherai ce que vous m'avez refusé en grammes.

Le venin du serpent est son fidèle compagnon,
Fidèle, et il l'estime à sa juste valeur.
Frères, mes frères damnés, suivez-moi avec confiance.
Les dents du loup ne lâchent pas le loup.
C'est la chair du mouton qui lâche.

Dans le noir nous verrons clair, mes frères.
Dans le labyrinthe nous trouverons la voie droite.
Carcasse, où est ta place ici, gêneuse, pisseuse, pot cassé?
Poulie gémissante, comme tu vas sentir les cordages tendus des quatre mondes!
Comme je vais t'écarteler!

1933

ICEBERGS

Icebergs, sans garde-fou, sans ceinture, où de vieux cormorans abattus et les âmes des matelots morts récemment viennent s'accouder aux nuits enchanteresses de l'hyperboréal.

Icebergs, Icebergs, cathédrales sans religion de l'hiver éternel, enrobés dans la calotte glaciaire de la planète Terre.
Combien hauts, combien purs sont vos bords enfantés par le froid.

Icebergs, Icebergs, dos du Nord - Atlantique, augustes Bouddhas gelés sur des mers incontemplées, Phares scintillants de la Mort sans issue, le cri éperdu du silence dure des siècles.

Icebergs, Icebergs, Solitaires sans besoin, des pays bouchés, distants, et libres de vermine. Parents des îles, parents des sources, comme je vous vois, comme vous m'êtes familiers...

1934

VERS LA SÉRÉNITÉ

Celui qui n'accepte pas ce monde n'y bâtit pas de maison. S'il a froid, c'est sans avoir froid. Il a chaud sans chaleur. S'il abat des bouleaux, c'est comme s'il n'abattait rien; mais les bouleaux sont là, par terre et il reçoit l'argent convenu, ou bien il ne reçoit que des coups. Il reçoit les coups comme un don sans signification, et il repart sans s'étonner.

Il boit l'eau sans avoir soif, il s'enfonce dans le roc sans se trouver mal.

La jambe cassée, sous un camion, il garde son air habituel et songe à la paix, à la paix, à la paix si difficile à obtenir, si difficile à garder, à la paix.

Sans être jamais sorti, le monde lui est familier. Il connaît bien la mer. La mer est constamment sous lui, une mer sans eau, mais non pas sans vagues, mais non pas sans étendue. Il connaît bien les rivières. Elles le traversent constamment, sans eau mais non pas sans largeur, mais non pas sans torrents soudains.

Des ouragans sans air font rage en lui. L'immobilité de la Terre est aussi la sienne. Des routes, des véhicules, des troupeaux sans fin le parcourent, et un grand arbre sans cellulose mais bien ferme mûrit en lui un fruit amer, amer souvent, doux rarement.

Ainsi à l'écart, toujours seul au rendez-vous, sans jamais retenir une main dans ses mains, il songe, le hameçon au cœur, à la paix, à la damnée paix lancinante, la sienne, et à la paix qu'on dit être par-dessus cette paix.

1934

VOYAGE
EN GRANDE GARABAGNE

(1936)

CHEZ LES HACS

Comme j'entrais dans ce village, je fus conduit par un bruit étrange vers une place pleine de monde au milieu de laquelle, sur une estrade, deux hommes presque nus, chaussés de lourds sabots de bois, solidement fixés, se battaient à mort.

Quoique loin d'assister pour la première fois à un spectacle sauvage, un malaise me prenait à entendre certains coups de sabots au corps, si sourds, si souterrains.

Le public ne parlait pas, ne criait pas, mais uhuhait. Râles de passions complexes, ces plaintes inhumaines s'élevaient comme d'immenses tentures autour de ce combat bien « vache », où un homme allait mourir sans aucune grandeur.

Et ce qui arrive toujours arriva : un sabot dur et bête frappant une tête. Les nobles traits, comme sont même les plus ignobles, les traits nobles de cette face étaient piétinés comme betterave sans importance. La langue à paroles tombe, tandis que le cerveau à l'intérieur ne mijote plus une pensée, et le cœur, faible marteau, à son tour reçoit des coups, mais quels coups!

Allons, il est bien mort à présent! A l'autre donc la bourse et le contentement.

« Alors, me demanda mon voisin, que pensez-vous de cela?

— Et vous? » dis-je, car il faut être prudent en ces pays.

« Eh bien! reprit-il, c'est un spectacle, un spectacle parmi d'autres. Dans la tradition, il porte le numéro 24. »

Et sur ces paroles, il me salua cordialement.

◇

On me conseilla d'aller dans la province de Van. Là se pratique une lutte dont toutes les autres sont sorties. Elle porte, parmi les spectacles, le numéro 3, et les hommes se battent dans un marais.

Ce combat a lieu ordinairement entre proches parents, afin que la combativité soit plus grande.

On devine tout de suite quels sont les combats les plus appréciés. La différence d'âge d'une génération à l'autre ne compte pas, pourvu que les forces physiques soient équilibrées.

A ces spectacles, à peine si on chuchote. La boue gluante est la seule animatrice du combat, impartiale, mais perfide, tantôt exagérant jusqu'au tonnerre une simple claque, tantôt dérobant presque entièrement un coup tragique au bas-ventre, basse, rampante, toujours ouverte à l'homme qui s'abandonne. Les buffles luisants aux membres d'homme, la tête ruisselante de boue, soufflent, luttent, à moitié asphyxiés, aveuglés, assourdis par cette matière traîtresse qui entre partout, et reste, et obstrue.

◇

Je vis le combat de deux frères. Depuis quatre ans ils s'évitaient, développant leurs forces, se perfectionnant. Ils se rencontrèrent sans comprendre, eût-on dit. Ils se mirent à se palper en rêvant, tout en se salissant avec la boue, comme pour rendre méconnaissables les traits de famille qu'ils allaient bafouer, oh combien!

La vieille haine, venue de l'enfance, remontait en eux petit à petit, tandis qu'ils passaient l'un sur l'autre la lèpre gluante de la terre et le danger montait au nez, aux yeux, aux oreilles, sombre avertissement. Et tout d'un coup ce furent deux démons. Mais il n'y eut qu'une prise. Emporté par l'élan, l'aîné tomba avec l'autre dans la boue. Quelle frénésie en dessous! Immenses secondes! Ni l'un ni l'autre ne se releva. Le dos de l'aîné apparut un instant, mais sa tête ne put se détourner du marécage et s'enfonça irrésistiblement.

◇

C'est dans la nuit, par un léger clair de lune, que le combat est réputé le plus intéressant. La pâle lumière de la lune lui donne une prodigieuse allure, et l'expression et la fureur des combattants devient tout autre; l'obscurité les décuple, surtout si ce sont des femmes qui combattent, la contrainte et le respect humain disparaissant pour elles avec la lumière.

Alors que dans la journée, la fureur elle-même ruse et se dissimule, jamais démoniaque, la nuit au contraire, elle congestionne ou blêmit le visage aussitôt, s'y colle en une expression infernale. Il est dommage qu'on ne puisse la saisir que dans une demi-obscurité. Néanmoins, ce moment d'envahissement du visage est un spectacle inoubliable. Si furieux que soit le combat, il ne fait que développer cette première note. (La nuit aussi est bonne, pour cette raison qu'on y est plus recueilli, livré à sa seule passion.) Ces expressions hideuses vous mordent, vous marquent, expressions qui peuvent ne pas apparaître en toute une vie, et qui apparaissent ici à coup sûr, attirées par la nuit et les circonstances ignobles. Les spectateurs de la haute société Hac ne manquent jamais de vous expliquer que ce n'est pas le combat qui les attire, mais les révélations qui sortent du visage. Il faut, bien entendu, que ce soit des proches qui luttent, ou au moins des ennemis invétérés.

◇

Je connais des villes où l'on n'est jamais tranquille, tant y domine le goût de certains spectacles. Et les jeunes gens n'ont pas la mesure des vieux.

Il est facile d'introduire dans une ville quelques bêtes sauvages (il y en a assez dans les environs). Tout à coup, d'un encombrement de voitures, sortent trois ou quatre panthères noires, qui, quoique affolées, savent porter des blessures atroces. C'est le spectacle numéro 72. Oh! bien sûr! ceux qui ont organisé ce divertissement l'ont fait sans malice. Mais quand vous vous trouvez dans cette rue, mieux vaut ne pas trop admirer le spectacle; il faut faire vite, car la panthère noire se décide encore bien plus vite, terriblement vite, et il n'est pas rare qu'une femme ou un enfant succombe à des blessures horribles.

Sans doute, les autorités tâchent de réprimer ces distractions, mais débonnairement. « La jeunesse fait des expériences un peu brutales, disent-elles, mais le bon esprit y est. D'ailleurs, ce spectacle paie l'amende. »

L'amende est de vingt-cinq baches à payer par chaque organisateur. (Tous les spectacles au-dessus du numéro 60 paient l'amende.)

◇

Comme je portais plainte pour un vol commis chez moi, je ne sais comment, en plein jour, à côté du bureau de travail où je me trouvais (toute l'argenterie emportée, sauf un plat), le commissaire me dit : « Je ferai le nécessaire. Mais, s'il reste un plat, ce n'est sûrement pas un vol, c'est le spectacle numéro 65. Sur l'amende vous toucherez, comme victime, cinquante baches. »

Et quelques instants après, un jeune fat, comme il y en a dans toutes les nations, entra et dit : « La voilà votre argenterie », comme si c'était à lui d'être vexé.

« Pas bien malin tout ça, fis-je avec mépris, qu'est-ce que ça vous a rapporté?

— Deux cent quatre-vingts baches, répondit-il triomphant, tous les balcons des voisins étaient loués. »

Et il faut encore que je rapporte chez moi, à mes frais, mon argenterie.

◇

Leur spécialité, ce sont les combats d'animaux. Tout animal qui a la moindre disposition au combat (et lequel n'en a?), ils le mettent en observation, surveillent et expérimentent ses antipathies pour les centaines d'autres espèces qu'ils ont encagées à cette fin, jusqu'à ce qu'ils aient obtenu des réactions certaines et fixes.

Ils savent qu'il suffit de modifier un tout petit peu le terrain pour qu'un animal exemplairement sage devienne un furieux intenable, et, par un régime approprié, ils arrivent à galvaniser l'âme la plus molle et la plus gélatineuse. Si leur pharmacie est si vaste, efficace et vraiment unique au monde, c'est à l'expérience acquise en ces préparatifs de combat qu'ils la doivent. J'y ai vu des chenilles féroces et des canaris-démons, crève-yeux et crève-tympans, dont on s'enfuyait épouvanté. (Ils usent aussi, comme on pense bien, d'armes et de harnachements de toute sorte qui rendent redoutables ceux que la nature avait laissés les plus nus.)

◇

On rencontre parfois à l'heure de midi, dans une des rues de la capitale, un homme enchaîné, suivi d'une escouade de Gardiens du Roi, et qui paraît satisfait. Cet homme est conduit à la mort. Il vient d' « attenter à la vie du Roi ». Non qu'il en fût le moins du monde mécontent! Il voulait simplement conquérir le droit d'être exécuté solennellement, dans une cour du palais, en présence de la garde royale. Le Roi, inutile de le dire, n'est pas mis au courant. Il y a longtemps que ces exécutions ne l'intéressent plus. Mais la famille du condamné en tire grand honneur, et le condamné lui-même, après une triste vie, gâchée du reste probablement par sa faute, reçoit enfin une satisfaction.

Tout adulte est autorisé à donner le spectacle numéro 30 qui s'appelle « la mort reçue dans une cour du Palais », si, avec l'intention avouée ensuite spontanément d' « attenter à la vie du Roi », il est parvenu à franchir la grande grille, la grille du petit parc, et une porte d'entrée. Ce n'est pas très difficile, comme on voit, et on a voulu de la sorte donner quelques satisfactions à ceux-là précisément qui en avaient tellement manqué.

Les difficultés véritables eussent commencé à la deuxième porte.

◇

Les Hacs s'arrangent pour former chaque année quelques enfants martyrs auxquels ils font subir de mauvais traitements et d'évidentes injustices, inventant à tout des raisons et des complications décevantes, faites de mensonge, dans une atmosphère de terreur et de mystère.

Sont préposés à cet emploi des hommes au cœur dur, des brutes, dirigés par des chefs cruels et habiles.

De la sorte, ils ont formé de grands artistes, des poètes, mais malheureusement aussi des assassins, et surtout des réformateurs, des jusqu'auboutistes inouïs.

Les mœurs et le régime social, quand un changement y fut apporté, c'est à eux qu'on l'a dû; si, malgré leur petite armée, les Hacs n'ont rien à craindre, c'est encore à eux qu'ils le doivent; si dans leur langue si nette, des éclairs de colère ont été fixés, auprès desquels les astuces mielleuses des écrivains étrangers paraissent une pâtée insipide, c'est encore à eux qu'ils le doivent, à quelques gosses en loques, misérables et désespérés.

◇

Ce jour-là, ils noyèrent le chef de cabinet et trois ministres. La populace était déchaînée. La famine de tout un hiver les avait poussés à bout. Je craignis un moment qu'ils n'en vinssent à piller notre quartier qui est le plus riche. « Non, non, me dit-on. N'ayez aucune peur à ce sujet. C'est visiblement le spectacle numéro 90, avec ses annexes naturelles le 82 et le 84, et les spectacles généraux. Mais pour être plus sûr, on va demander. »

L'un consulte son père, l'autre sa grand-mère ou un fonctionnaire de première classe. C'était bien ça. « Cependant mieux valait ne pas sortir, me dit-on, sauf avec quelques solides molosses, à cause des lâchers d'ours et de loups, vers les quatre heures, qui font partie du numéro 76. » La semaine suivante, comme la situation empirait et qu'on ne faisait toujours rien contre la famine, je jugeai qu'on risquait de voir prochainement quelques spectacles dans les 80. Mes amis ne firent qu'en rire. Mais mon malaise fut le plus fort, et je quittai, peut-être pour toujours, le pays des Hacs.

LES ÉMANGLONS

MŒURS ET COUTUMES

Quand un Emanglon respire mal ils préfèrent ne plus le voir vivre. Car ils estiment qu'il ne peut plus atteindre la vraie joie, quelque effort qu'il y apporte. Le malade ne peut, par le fait de la sympathie naturelle aux hommes, qu'apporter du trouble dans la respiration d'une ville entière.

Donc, mais tout à fait sans se fâcher, on l'étouffe.

A la campagne, on est assez fruste, on s'entend à quelques-uns, et un soir on va chez lui et on l'étouffe.

Ils pénètrent dans la cabane en criant : « *Amis!* » Ils avancent, serrés les uns contre les autres, les mains tendues. C'est vite fait. Le malade n'a pas le temps d'être vraiment étonné que déjà il est étranglé par des mains fortes et décidées, des mains d'hommes de devoir. Puis ils s'en vont placidement et disent à qui ils rencontrent : « Vous savez, un tel qui avait le souffle si chaotique, eh bien! soudain, il l'a perdu devant nous.

— Ah! » fait-on, et le village retrouve sa paix et sa tranquillité.

Mais dans les villes, il y a pour l'étouffement une cérémonie, d'ailleurs simple, comme il convient.

Pour étouffer, on choisit une belle jeune fille vierge.

Grand instant pour elle que d'être appelée ainsi au pont entre vie et mort! La douceur avec laquelle ces souffrants trépassent est comptée en faveur de la jeune fille. Car avoir fait qu'un malade s'éteigne doucement entre des mains agréables, est, disent-ils, excellent présage de dévouement aux enfants, de charité aux pauvres, et pour les biens, de gestion sûre. Elle trouve aussitôt bien plus de maris qu'il ne lui en faut, et il lui est permis de choisir elle-même.

La difficulté est d'être douce à la fois et de serrer fort.

Une coquette ne réussira pas, une brutale non plus. Il faut des qualités de fond, une nature vraiment féminine.

Mais quel bonheur quand on a réussi, et comme on comprend les larmes de joie de la jeune fille cependant que l'assistance la félicite avec émotion!

◇

Là où vient tout proche le murmure d'un ruisseau et le scintillement de la lumière sur les vaguelettes et les rides de l'eau, attendez-vous à trouver aussi quelques Emanglons.

Les Emanglons se sentent incessamment égratignés par le murmure des petits bonds de l'eau des ruisseaux, égratignés et tout de suite après pansés.

Aussi, est-ce près des eaux courantes qu'on les voit le plus à leur avantage. Comme des convalescents, encore un peu souffrants, mais en très bonne voie de guérison, ils sont alors ouverts à autrui, et il n'est pas impossible que, si le ruisseau est très sauteur et cascadant, énervant à souhait, quoique simple et maintenu dans son petit cadre, il n'est pas impossible qu'ils s'occupent de vous et vous adressent gentiment la parole.

On sent alors le plaisir émaner d'eux. Mais comme ils ne sont pas habitués à s'exprimer, surtout avec les étrangers, il vient d'eux, avec peu de paroles, un plus abondant gloussement plein d'excellents sentiments, à n'en pas douter.

◇

Le travail est mal vu des Emanglons, et, prolongé, il entraîne souvent chez eux des accidents.

Après quelques jours de labeur soutenu, il arrive qu'un Emanglon ne puisse plus dormir.

On le fait coucher la tête en bas, on le serre dans un sac, rien n'y fait. Cet homme est épuisé. Il n'a même plus la force de dormir. Car dormir est une réaction. Il faut encore être capable de cet effort, et cela en pleine fatigue. Ce pauvre Emanglon donc dépérit. Comment ne pas dépérir, insomnieux, au milieu de gens qui dorment tout leur saoul? Mais quelques-uns en vivant au bord d'un lac, se reposent tant bien que mal à la vue des eaux et des dessins sans raison que forme la lumière de la lune, et arrivent à vivre quelques mois, quoique mortellement entraînés par la nostalgie du plein sommeil.

Ils sont faciles à reconnaître à leurs regards vagues à la fois et insistants, regards qui absorbent le jour et la nuit.

Imprudents qui ont voulu travailler! Maintenant il est trop tard.

◇

Le sommeil a d'ailleurs toujours été pour les Emanglons le problème numéro 1.

Aussi ont-ils approprié de façon incroyable à la variété de leurs humeurs les positions qui engagent au sommeil.

Les pauvres eux-mêmes ne se contentent pas de deux ou trois lits de différents modèles. Il faut encore qu'ils puissent s'installer en l'air dans un fouillis de draps et de lanières.

Les riches ont un choix plus grand.

Enroulés autour d'un tambour auquel un serviteur imprime un lent mouvement rotatif, cousus dans un matelas (la tête seule émergeant) cependant qu'on leur tape dessus avec des lattes (car ils sont un peu lymphatiques), étendus dans un bain de boue chaude, ils jouissent d'une infinité de commodités.

Quel que soit le mode employé, on en revient à ceci : il faut que le candidat au sommeil sente qu'il est inutile de lutter, qu'il est battu d'avance.

C'est le matin, après le sommeil épais et lourd de la nuit, que l'expression du visage de l'Emanglon est la plus étrange, et comme hors de l'humanité; avec ce regard sombre et parlant, quoique pour ne rien dire d'intelligible, qu'ont parfois de vieux chiens malades et rhumatisants près d'un maître méchant mais auquel ils se sont attachés.

◇

Quand l'Emanglon voyage de jour, c'est enfermé comme un colis. Il hait le soleil (sauf dans la forêt où il est en miettes) et l'idée de lui rendre un culte ne serait jamais venue à un Emanglon. D'ailleurs il se sent observé dans la lumière mauvaise du soleil. Et il déteste être observé.

Ils sortent volontiers la nuit, avec des porteurs de lanternes aux multiples couleurs et se répandent dans les bois, silencieux, mais jouissant du spectacle comme on ne saurait croire.

Les plus habiles grimpent aux branches pour y accrocher des lumières à différentes hauteurs. Plusieurs s'installent dans les branches où ils connaissent un intense ravissement et on est parfois obligé de les ramener chez eux, inanimés et absents d'eux-mêmes.

◇

Une odeur, un parfum complexe, occupe toujours la demeure d'un Emanglon.

S'il est fruste et vulgaire, c'est la fumée de bois qui la donne avec un peu d'herbes sèches, bien dense, et dont il se saoule.

Vulgarité! Le but est autre : par des parfums diversifiés, infimes et forts, obtenir des horizons, des voyages, un petit ruisseau comme un ver, la forêt en automne, la mer iodée et tumultueuse, les ports où les navires attendent dans une apparente torpeur.

C'est l'art de la maîtresse de maison d'y arriver.

Et elle y arrive; la renommée de l'Emanglonne, à cet égard, est considérable en Grande Garabagne.

◇

L'Emanglon, vous avez pu le deviner, n'a pas un caractère à aimer être dérangé.

Au-dessus de la porte d'entrée de sa maison, est gravée en relief dans la pierre ou le bois une grosse tête d'homme. Cette figure exprime une tranquillité en route vers la colère. Attachées à un court gilet, pendent devant la porte, et jusqu'au sol, deux jambes de pantalon. Grâce à cette disposition, le visiteur qui entre écarte les jambes du pantalon.

Voilà qui est grossier!

Ainsi donc, le propriétaire a déjà réussi à vous mettre en défaut AVANT d'entrer. Il est l'offensé, qui peut se venger quand il lui plaira.

Ce qui fait bien réfléchir et hésiter à rendre des visites non indispensables.

Par contre, reçu chez un très grand ami, c'est celui-ci en personne qui écarte pour vous le pantalon d'entrée. Hommage extrêmement délicat de la part du propriétaire, comme s'il disait : « C'est moi l'intrus. Excusez ma présence chez VOUS. »

Néanmoins, de toute façon, il vaut mieux ne pas rester longtemps en visite.

◇

Les Emanglons ne tolèrent pas les célibataires. Pas deux semaines, ils ne vous laisseront seul. Non, il faut que vous vous décidiez tout de suite à prendre femme. « Car, disent-ils, un célibataire, il faut toujours s'en méfier. Un jour, il tuera, violera une fillette, à qui cela fera grand mal, voudra fonder une nouvelle religion, deviendra excessivement honnête et logique, et il n'y aura plus aucun plaisir à vivre avec lui. » Les voisins se sentent gênés, hésitent à prendre avec leurs femmes les positions les plus naturelles. Enfin, ça devient intenable. Donc, ils sortent à trois ou quatre, guettent l'homme chaste et l'abattent froidement et peut-être même haineusement.

Car les hommes atteints dans leur virilité sont volontiers pris de frénésie.

Dès qu'ils voient de ces mines tendues, et enflammées, de ces regards portés à l'intransigeance, ils les surveillent.

Aussi, seuls quelques criminels endurcis osent parler continence et religion, mais à l'écart toujours et à mots couverts. Arrêtés, ils prétendent avoir été mal compris, que jamais il ne fut question de chasteté, mais au contraire d'une immense partouse. Alors on les relâche, « mais tout de même parlez plus clairement, leur dit-on, ces méprises pourraient vous coûter cher ».

Chez les Emanglons, du moins dans la principauté d'Aples, le malade (chronique, s'entend) occupe une place spéciale. C'est un coupable ou un imbécile. On recherche toujours si c'est l'un ou l'autre. Car ils considèrent qu'un homme intelligent agissant selon l'intuition qu'il a de soi ne peut tomber malade.

Pourtant les malades ne sont pas mal vus, sauf

s'ils toussent. Selon eux, malade on retombe à sa vraie base, la santé étant plutôt semblable à la surface de la mer, la place y est meilleure mais le trouble plus grand.

Les malades ayant la réputation d'être de bon conseil, tous les ministres sont des malades et même des malades accablés. Ils ont à leur solde des commis dévoués qu'ils envoient de-ci de-là et sur le rapport desquels ils commandent et gouvernent.

Certains décident des navires et des choses de la mer, sans avoir jamais pu se transporter jusque-là, encore qu'on les transporte volontiers, à moins qu'ils ne soient fiévreux. Mais dans ce cas il est rare qu'ils soient ministres, seulement conseillers, mais de première importance, dans les circonstances graves et de qui aucun ministre même fort malade n'oserait se passer. « Des malades vient la sagesse, des fiévreux la lumière », aphorisme auquel ils ne doivent pas manquer de se soumettre.

◇

Les Emanglons de la presqu'île d'Avor ont bien des ennuis à cause de leurs maisons. Ils ne le montrent pas, car ils sont très fiers. Mais ils vivent dans l'inquiétude que leur maison ne leur tombe dessus. Ils passent continuellement la main dans leurs cheveux, comme si elle était déjà pleine de gravats et des débris vermoulus du toit.

C'est un ver qui ronge le bois de leurs maisons et qui vient, porté par le brouillard.

Dès que la brèche est faite (est-ce pour ça aussi

qu'ils ont si peur des fenêtres?) une maison entière est consommée en quelques jours.

Une nuit de brouillard suffit à l'invasion.

✧

Sans motifs apparents, tout à coup un Emanglon se met à pleurer, soit qu'il voie trembler une feuille, une chose légère ou tomber une poussière, ou une feuille en sa mémoire tomber, frôlant d'autres souvenirs divers, lointains, soit encore que son destin d'homme, en lui apparaissant, le fasse souffrir.

Personne ne demande d'explications. L'on comprend et par sympathie on se détourne de lui pour qu'il soit à son aise.

Mais, saisis souvent par une sorte de décristallisation collective, des groupes d'Emanglons, si la chose se passe au café, se mettent à pleurer silencieusement, les larmes brouillent les regards, la salle et les tables disparaissent à leur vue. Les conversations restent suspendues, sans personne pour les mener à terme. Une espèce de dégel intérieur, accompagné de frissons, les occupe tous. Mais avec paix. Car ce qu'ils sentent est un effritement général du monde sans limites, et non de leur simple personne ou de leur passé, et contre quoi rien, rien ne se peut faire.

On entre, il est bon qu'on entre ainsi parfois dans le Grand Courant, le Courant vaste et désolant.

Tels sont les Emanglons, sans antennes, mais au fond mouvant.

Puis, la chose passée, ils reprennent, quoique mollement, leurs conversations, et sans jamais une allusion à l'envahissement subi.

◇

La musique y est discrète. Les musiciens davantage. Ils ne se laissent pas voir dans le moment qu'ils en font.

Un jour, l'un d'eux, qui jouait dans le salon, s'imaginant que je l'observais, manqua de s'étouffer de honte; or je ne l'avais même pas entendu tant il jouait doucement.

Leur musique en sons mourants semble toujours venir à travers un matelas. C'est ce qu'ils aiment : des souffles ténus, partis on ne sait d'où, à chaque instant effacés, des mélodies tremblantes et incertaines, mais qui s'achèvent en grandes surfaces harmoniques, larges nappes soudain déployées.

Ils aiment davantage encore l'impression que la musique se déplace (comme si les musiciens contournaient une montagne, ou suivaient une ruelle sinueuse), se déplace et vient à eux comme au hasard des échos et des vents.

◇

Au théâtre, s'accuse leur goût pour le lointain. La salle est longue, la scène profonde.

Les images, les formes des personnages y apparaissent, grâce à un jeu de glaces (les acteurs jouent dans une autre salle), y apparaissent plus réels que s'ils étaient présents, plus concentrés, épurés, définitifs, défaits de ce halo que donne toujours la présence réelle face à face.

Des paroles, venues du plafond, sont prononcées en leur nom.

L'impression de fatalité, sans l'ombre de pathos, est extraordinaire.

◇

Ils n'aiment pas les fenêtres et préfèrent à y voir clair, se sentir chez eux, mais, comme ils sont très courtois et qu'ils ne veulent pas agir autrement que dans les pays où l'on en use, et encore, que ça ferait nu, morne et hostile, attirerait l'attention et les mauvais sentiments, alors qu'ils ne sont que paix et placidité, ils ont des maisons avec des fenêtres, même avec beaucoup de fenêtres, mais toutes fausses, et pas une ne pourrait s'ouvrir, même s'il s'agissait de fuir un incendie; cependant imitées à s'y méprendre, avec des ombres et des reflets, de sorte que c'est un plaisir de les regarder, sachant qu'elles sont fausses, surtout si l'heure et la force du soleil réunissent à peu près les conditions du trompe-l'œil.

Il y en a même d'entrouvertes, perpétuellement, nuit et jour, et les jours les plus froids, par temps de brouillard, de pluie, de rafales de neige, mais ne laissant quand même rien entrer ni sortir, douloureusement semblables à la charité de surface des riches.

Une vraie fenêtre, susceptible, un jour, d'être ouverte, les rend malades; c'est pour eux comme si déjà on en enjambait l'appui, qu'on entrât, et la file des intrus qu'on ne peut repousser s'allonge à leurs yeux horrifiés.

Comme beaucoup de gens placides, quand on les atteint, deviennent haineux et mauvais, il faut éviter de leur parler de fenêtres et ne jamais en inviter un chez vous, si vous en avez une de percée, quand bien même elle serait fermée, barricadée, hors d'usage ou dans une pièce de débarras. Jamais il ne vous le pardonnerait.

◇

Comme les Emanglons répugnent à se mettre en avant, à faire des gestes et de longs discours, leurs chefs ne siègent et ne discourent que derrière la statue (en bois léger, et transportable) d'un de leurs grands hommes du passé, aux principes desquels ils prétendent adhérer.

Si j'ai bien compris leur éloquence, le principal, c'est de savoir placer sa statue au bon moment, de façon inattendue, dramatique, ou de la pousser petit à petit en la dissimulant, jusqu'au moment où on la découvre. Il faut s'entendre à la planter violemment face à autrui, de façon choquante, à la faire pivoter brillamment et se dandiner insolemment devant un autre grand homme jugé méprisable, enfin à savoir prendre congé avec hauteur et menaces, en un mot avec justesse. Tels sont quelques traits de l'éloquence des Emanglons.

Le danger qu'il y a à laisser sa statue seule, c'est que, quoique personne ne soit en droit de la déplacer en votre absence, les autres statues peuvent l'encercler, lui enlever toute possibilité de manifestation et même la laisser en vedette auprès d'un traître, lui faire dire tout le contraire de son programme, la désigner comme l'image même du compromis sous les huées de la foule.

C'est pourquoi cette éloquence, qui semble née d'une grande paresse, demande en fait une grande vigilance, un sens de l'à-propos très subtil.

La voix ne sert qu'à fournir quelques points de repère à la discussion. Les véritables orateurs ne parlent pas deux heures en une année. Mais tout le monde se rappelle leurs grands effets de statues, à des moments pathétiques.

Voilà ce qui plaît aux Emanglons.

◇

Le malade qui n'a pas la respiration chaotique est soigné et j'en ai vu de guéris, que j'avais trouvés bien bas.

D'abord, ils lui appliquent sur la tête un formidable coup de bâton qui l'assomme. (Il faut qu'un homme reste en dehors de sa maladie.) Ensuite vient le traitement. Il y a dans leur pharmacie des décoctions de quantités de plantes. Bien sûr! Comme partout. Mais, ça ne compte guère.

Avant tout, ils s'en remettent à un chien du soin de le guérir. Dès qu'on est parvenu à enfermer un chien dans la chambre du malade, on se disperse heureux. Celui-ci est, si je puis dire, en bonnes mains. En une seule nuit, parfois, il se trouve guéri. C'est un fait, cette présence lui procure un repos salutaire.

Si le chien ne consent pas à rester couché sur le lit : mauvais signe, sans qu'il faille absolument désespérer. Il est normal que la maladie commence par triompher. Mais si la deuxième et la troisième nuit la bête cherche à sortir, à creuser sous la porte, c'est fini, le malade est perdu; autant lui fermer la bouche tout de suite.

Si le chien n'aboie pas et reste tranquille, le malade ne court aucun danger, quand même il ne serait plus que l'ombre de lui-même. *Jamais un homme n'est mort près d'un chien endormi.* Le chien se réveille toujours à temps pour hurler. Le hurlement est naturellement significatif. Dès qu'on l'a entendu, on peut fermer la bouche au malade. C'est même un devoir.

On fait vite appeler une jeune fille, et même si c'est la nuit et en plein orage, il faut qu'elle arrive en ses beaux habits et le visage peint aux couleurs de la santé et du bonheur. C'est à elle d'agir maintenant. Les médecins referment leurs flacons et sortent avec le chien.

◇

Si, tandis qu'un Emanglon fête chez lui quelqu'un, une mouche entre dans la pièce où ils se trouvent, l'invité, fût-il son meilleur ami, se lèvera et se retirera aussitôt sans dire un mot, avec cet air froissé et giflé qui est inimitable. L'autre a compris, même s'il n'a rien vu. Seule une mouche a pu causer ce désastre. Ivre de haine, il la cherche. Mais son ami est déjà loin.

Les Emanglons ne peuvent supporter de vivre dans la même pièce qu'une mouche. Cette cohabitation a pour eux quelque chose de monstrueux. Ils se sentent profondément blessés, mais surtout diminués, accablés, et on en a vu qui arrivaient à peine à se traîner dehors.

La grande perfidie est d'entrer chez celui à qui on veut du mal, muni d'une mouche dissimulée dans une poche, de la lâcher dans la salle à manger et de faire ensuite l'homme qu'on a insulté. Mais l'autre vous surveille, allez! Il surveille vos poches, votre col, vos manches, il se doute tout de suite qu'il y a de la mouche dans cette visite. Aussi faut-il agir avec prudence. Comme partout ailleurs, il faut être habile, et, si une chance vous est donnée, ne pas croire que tout soit fini.

Il arriva pendant le grand discours d'Orname, le ministre, qu'une mouche fut lâchée dans la salle pour le réduire à l'impuissance et troubler l'assemblée. La mouche eut la naïveté de se poser sur son nez. Le grand homme, plein de sang-froid, l'attrapa, la mit dans une boîte et continua son discours.

Il eut l'audace ensuite de faire circuler la mouche, enfermée dans une boîte, parmi les députés, pour que son propriétaire pût la reprendre.

Mais tous, en vrais Emanglons, se penchèrent dessus placidement, chacun à son tour, sans se trahir.

LES GAURS

Ils sont altérés de religion. Que ne lui ont-ils sacrifié? De mœurs grossières, ils ne cuisent pas leur nourriture. Pour les dieux seuls, il y a des aliments cuits. Ils les préparent avec mille soins, et un maître saucier travaille constamment à faire mijoter quantité de mets, des moutons entiers, de la volaille.

Le dieu hume, il a les narines toutes brunes, grasses, encroûtées. Mais il ne se lasse pas de voir des animaux innocents jetés tout vivants dans les casseroles fumantes sous des sauces brûlantes et il faut des années et des années avant que, le nez obstrué par le dépôt progressif des particules de la fumée, il cesse, au vu de tout le monde, de goûter aux sacrifices d'animaux et aux fumets les plus intenses.

Ils cessent alors de le nourrir, la conscience en repos, jusqu'à ce qu'un malheur surgisse; ils se précipitent alors, contrits, à ses pieds (d'autres lui débourrent promptement les narines) et lui sacrifient humblement leur bétail, que par malice et mauvaise foi ils avaient espéré lui soustraire.

Je ne connais pas tous leurs dieux, mais j'en

connais pas mal, pour les avoir vus promenés les jours de fête; ils sont aussi exposés à demeure en certains endroits, où on en peut trouver grand nombre groupés, chacun avec sa troupe de fervents et son maître saucier.

Le dieu *Banu* préfère les poulets, le piment et les yeux d'antilope. Le dieu *Xhan* les grillades, les victimes consumées jusqu'à l'os. Le dieu *Sanou* se repaît d'entrailles et d'animaux tout vivants cuits au bain-marie. Le dieu *Zirnini* préfère les petits plats, les alouettes, les rossignols, mais il faut qu'ils soient consumés lentement en cendres fines, fines, fines. Le dieu *Kambol,* qui a goûté à l'homme, hélas, est friand de l'homme ou plutôt de la jeune fille, des chairs qui aspirent à la plénitude de la femme, des chairs qui « gravissent encore la pente ». C'est ce qu'il lui faut. On essaie naturellement de le tromper avec des porcs encore jeunes, entre porc et porcelet, et, par-ci par-là, pour mieux l'induire en erreur, il y a une main, un doigt, un bras délicat étendus sur cette cochonnerie.

On y gagne quelques vies humaines, bien sûr, mais on ne peut le frustrer indéfiniment, car il connaît bien les hommes, c'est le dieu qui connaît le mieux les hommes et, contrairement à bien d'autres, il les apprécie et n'a pour eux que des paroles de miel.

Généreux (quoique par simple peur peut-être), les Gaurs ne comprennent pas la sécheresse, ni l'avarice chez les autres : « Allons, iront-ils dire à tel étranger de passage, vous qui avez quatre enfants, vous ne pouvez même pas en donner deux à un dieu aussi puissant! » (Le dieu Kambol.) Cette irréligion les frappe de stupeur. La colère les saisit, colère divine, et, pour réparer l'outrage, ils massacrent tous ces impies et les offrent à leurs dieux avides. (Dans ce pays, je ne saurais assez conseiller de voyager seul, avec un tout petit train de bagages, qu'on puisse cacher au besoin dans un fossé.)

Parfois un Gaur pieux, circulant devant les casseroles du Grand Kambol, lui voit une maigre et presque insultante pitance, un bébé chétif, n'ayant que la peau sur les os, sur lequel il n'y a rien à prendre vraiment, ou des viandes de tromperie, porcs et veaux et jeunes gazelles; alors le Gaur pieux, le cœur pincé, honteux de cette misère, mais pauvre lui-même, se coupe vivement un doigt, maigre offrande sans doute, mais avec beaucoup d'excuses le présente tout chaud au dieu, noyé dans le sang qui coule impétueux, le sang humain que le dieu aime tant. Oh! comme Il l'aime!

◇

Le dieu *Mna* est le plus sourd de tous et le plus grand. Ils savent bien que s'il les entendait, lui, c'en serait fini de leurs maux qui sont innombrables, car c'est le peuple le plus comblé de maladies que j'aie vu (j'en décris quelques-unes plus loin).

Aussi ont-ils accroché à son oreille minuscule une autre oreille, énorme, éléphantine, aux replis fouillés, étalée lourdement derrière sa tête comme une traîne. Et il y a toujours de grands braillards officiels, prêtres et enfants de prêtres, aux voix plus aiguës et plus pénétrantes, pour lui crier des paroles de supplication, après s'être naturellement fait précéder, pour l'alerter, de lanceurs de pétards et de trompettes choisis parmi les souffles les plus puissants des Gaurs.

Ah! s'il voyait au moins, ce dur d'oreilles! Mais non! De ce côté, rien à espérer. Jamais l'ombre d'un œil, jamais une goutte de cristallin n'a paru sur ce visage. On ne peut se leurrer de pareil espoir, on ne peut vraiment compter que sur l'ouïe disparaissante de ce grand sourd qui, autrefois, paraît-il, entendait encore un peu (quoique souvent de travers), distribuant aussitôt ce qu'on lui demandait car, dès qu'il est au courant, c'est un dieu qui ne demande qu'à satisfaire les hommes... (il ne peut rien leur refuser). Hélas, il semble bien évoluer à présent vers une surdité totale, et on se demande avec épouvante ce qu'il arrivera quand il en sera là.

◇

Le dieu des eaux est couché. Il n'est pas question pour lui de se lever. Les prières des hommes ne l'intéressent guère, ni les serments ni les engagements. Peu lui chaut un sacrifice. C'est le dieu de l'eau avant tout.

Il n'a jamais fait vraiment attention aux récoltes des Gaurs pourries par les pluies, à leurs troupeaux emportés par les inondations. C'est le dieu de l'eau avant tout. On a pourtant des prêtres bien instruits. Mais ils n'en savent pas véritablement assez pour le chatouiller. Ils étudient, fouillent les traditions, jeûnent, méditent et il est possible, à la longue, qu'ils arrivent à parvenir jusqu'à lui et à couvrir la voix des eaux, qui lui est si chère.

◇

Impudents que nous sommes, nous autres qui ne vivons que pour nous, notre famille, notre patrie, comme si tout cela n'était pas la même bassesse!

Il faut bien prendre soin, quand on voyage chez les Gaurs, d'être toujours abondamment muni de statuettes, et de leur offrir ostensiblement des sacrifices, de commander trois ou quatre dîners supplémentaires et de les faire consumer par le feu avec un petit air de mystère.

Je m'étais mis, gagné par l'ambiance, à faire régulièrement mes dévotions à une petite lampe à verre rouge que j'avais dans mes bagages. Un soir ce fut irrésistible, je lui offris un bœuf, et depuis je ne pus me retenir de lui apporter des offrandes, passant ma nuit presque entière dans l'adoration, entouré d'une foule de suppliants, de malades, et, si un dévot ne me l'avait pas heureusement volée, dans l'espoir de grands miracles à son profit, je me serais dépouillé pour elle jusque de mon pantalon, mais ce vol me découragea et je quittai le pays peu après.

◇

Au bout d'une allée, dans une petite mare infecte est un dieu aux yeux brillants et excités.

A quoi bon l'avoir repoussé ainsi à l'écart, puisqu'il faut quand même venir à lui?

Ce n'est pas sans un serrement de cœur que l'on s'engage dans cette allée.

Car le sacrifice ne suffit pas. Il faut martyriser et martyriser ce que l'on aime. Ce dieu, appelé « le Simple », ne se satisfait ni de sang, ni de vie, ni de sauces. Il ne veut que de l'intime.

Mais qu'un père qui aime tendrement son fils apparaisse au bout de l'allée, aussitôt ses yeux au loin se mettent à briller, et l'on comprend, hélas, qu'il a ici ce qu'il lui faut et qu'il sait l'apprécier.

◇

Lorsque le Gaur, accablé de malheurs, lève, s'il en a encore la force, les bras au ciel, les prêtres le rappellent violemment à l'ordre : « Sacrifie! Sacrifie! », lui disent-ils. Et, profitant de sa faiblesse et de son désarroi, ils lui enlèvent ses chèvres et son dernier bien. Car ils sont toujours à courir les chemins vers les endroits où il y a quelque détresse, cataclysme et inondation, pour prélever la part de Dieu, semant partout la terreur et le bien-penser, et accumulant chez eux des richesses immenses. Ils profitent aussi, comme on pense bien, de l'inquiétude des malades. Mais ils ne se sentent pas à l'aise près d'eux, car si une maladie se répand dans une communauté religieuse, des doutes concernant leur valeur morale viennent à l'esprit du peuple qui, aussitôt, entre en fureur et, malgré les menaces et les mines de loup des prêtres impuissants, veut reprendre son bien et le reste. Les Gaurs sont impitoyables pour les prêtres « que Dieu trahit ». Avec une mémoire d'obsédés, de traqués par l'au-delà, ils rappellent aussitôt qu'à tel sacrifice, il y a des années, tel prêtre hésita, se reprit, bégaya, répéta inutilement une formule. Les yeux dessillés maintenant, ivres de fureur et de justice, ils viennent offrir les prêtres en sacrifice aux dieux. Les couvents se dépeuplent miraculeusement. Dieu reprend son bien et la Terre sa tranquillité.

LES NONAIS ET LES OLIABAIRES

Depuis une éternité, les Nonais sont les esclaves des Oliabaires. Les Oliabaires les font travailler plus que de raison, car ils ont peur que les Nonais, s'ils reprennent quelque force, en profitent pour regagner leur pays, à peu près inculte actuellement il est vrai et en partie inondé.

A cause des mauvais traitements, la race des Nonais a diminué de moitié, si bien que les Oliabaires sont obligés d'aller les chasser dans leur pays, beaucoup plus loin qu'autrefois, jusque dans les marécages, où ils échapperaient probablement, sans les chiens dressés à cet effet, avec lesquels on les traque.

De tout temps, ces expéditions ont constitué un plaisir national, chanté du reste par tous les grands poètes oliabaires. Mais, hélas! de moins en moins de Nonais sont ramenés; c'est sans rapport vraiment avec l'effort militaire produit, et ce n'est pas la faute des généraux.

Aussi a-t-on établi maintenant, sous la surveillance du Gouvernement, des réserves de mâles et de femmes Nonais, où ils jouissent de facilités pour se reproduire abondamment comme une race normale qui ne veut pas péricliter.

Les enfants, une fois arrivés à l'âge où ils deviennent robustes, sont lâchés dans la province d'Avidre, où les Oliabaires pourront venir les chasser.

Car un Oliabaire ne peut faire d'autre travail que celui de chasser. Cela le démoraliserait, le tuerait à coup sûr, d'en entreprendre un différent. Mais il connaît son destin et lui reste fidèle.

Il serait vain de porter incessamment la guerre dans un pays déjà aussi appauvri. Même les généraux le comprennent. Il est plus intéressant, pendant quelques années, de laisser les mains libres aux Nonais de façon que tout fructifie à nouveau, quitte à mater cette fois par la politique les mouvements de révolte qui se pourraient dessiner. Ils invitent donc le notable Nonais qui les gêne, avec de grands honneurs, bien ostensibles d'abord; la frontière franchie, lui font couper la langue par un gendarme, puis établissent solennellement que le Nonais avait parfaitement droit à sa langue et même à de grands honneurs; cependant la langue ne repousse pas, la parole non plus, et le notable handicapé est promptement abattu. Les Oliabaires, feignant de mal comprendre ses désirs, le costument en pitre « sur sa propre demande », le mettent, toujours sur sa propre demande (!), en compagnie de noceurs dégénérés avec lesquels il se trouve mêlé à de stupides et hideuses perversions, et l'entourent d'écriteaux où l'on relate sa noirceur, tout en feignant par magnanimité de ne pas le condamner, puisqu'il est « invité ».

Mais la résistance humaine a ses limites. Qui les

connaît vous y conduit si promptement qu'on en reste stupéfait. Le malheureux, bientôt devenu une loque, meurt dans le désespoir.

Les Oliabaires se font aussi prêter par les Nonais leurs statues les plus saintes, comme entre alliés qui se veulent grand bien. Ils emportent donc avec les plus grandes marques de vénération et de respect la relique ou la statue sainte, dont ils attendent bénédiction sur tout leur pays. Mais une fois arrivés dans leurs campagnes oliabaires, les porteurs fatigués la laissent tomber, comme par hasard, dans une fosse à purin; on ne trouve pas de cordes, elle y reste un jour et une nuit, en sort méconnaissable et puante, et on la jette dans un lieu de débarras au milieu de quantité d'autres abjections qui furent les reliques et les objets les plus sacrés des Nonais.

Mais les Nonais prennent patience. Dieu ne le supportera pas indéfiniment, disent-ils. Il attend son heure.

Bien sûr, il l'attend.

LES HIVINIZIKIS

Toujours pressés, en avant d'eux-mêmes, fébriles, courant de-ci de-là, affairés, ils perdraient jusqu'à leurs mains. Impossible de leur donner une satisfaction un peu prolongée.

Enthousiastes, impétueux et « en pointe », mais toujours pour peu de temps, diplomates-papillons, posant partout des jalons qu'ils oublient, avec une police et un état-major possédant des dizaines de codes secrets extrêmement ingénieux, dont on ne sait jamais lequel appliquer, qui changent et se truquent à nouveau constamment.

Joueurs (du matin au soir occupés à jouer aux dés leur fortune, qui change de mains d'un instant à l'autre, à ne plus savoir jamais qui est l'endetté, qui le créancier), escamoteurs, combinards, brouillons, non par confusion et brume de l'esprit, mais par une multitude de clartés surgissant hors de propos, logiciens effrénés, mais criblés de fuites et de départs intuitifs, prouvant l'existence et la non-existence et tout ce qu'on veut en général et ce qu'on ne veut pas, par raisonnement, par non-raisonnement, par raisonnements tirés de non-raisonnements, distraits mais roublards et presque infatigables, entrant (mais pour peu d'heures) dans le lit et le sommeil à la fois, en sortant pareillement, comme une porte qu'on ouvre et qu'on ferme, se fâchant pour un rien, distraits de leur colère par moins que rien, par mouche qui vole, offerts comme voile à tous les vents, tout en larmes très sincères au chevet du père malade, mais dès qu'il a fermé l'œil, courant au testament, discutant l'héritage, assis sur le lit encore chaud, l'enterrant en un tournemain (ça vaut mieux; sans quoi ils l'oublieraient jusqu'à ce qu'il pue).

Se prosternant devant leurs dieux comme mécaniques remontées à fond, des centaines de fois, puis repartant d'un bond, sans se retourner; aimant comme ils adorent, vite, avec ardeur, « et puis n'en parlons plus », se mariant sans préméditation, au hasard d'une rencontre, sur-le-champ, et divorçant de même, sans préparation, travaillant et faisant marché ou métier d'artisan en pleine rue, dans le vent et la poussière et les ruades des chevaux; parlant comme une mitrailleuse tire; à cheval tant qu'il se peut et au galop, ou s'ils sont à pied, les bras en avant, comme s'ils allaient enfin dégager et débroussailler pour de bon cet Univers plein de difficultés et d'incidents qui se présente sans cesse devant eux.

◇

Même dans la magistrature, on n'est jamais arrivé à posséder un cadre d'esprit vraiment pondéré.

Ayant à juger un criminel, le Président s'énerve : « Je ne saisis pas, dit-il. Supposons que ce soit moi le criminel. » Il demande un couteau, feint le meurtre, s'agite, sort, rentre, s'enfuit, se fait arrêter par les gendarmes et il n'est pas tellement rare que l'accusé en profite pour prendre les jambes à son cou, parfois en tenue de Président.

Car celui-ci prend son rôle au sérieux, se défait de sa toge de magistrat. « Je ne suis qu'un simple criminel », dit-il, et la police le roue de coups et, tellement ils se mettent dans la peau les uns des autres qu'on ne sait vraiment à qui on a affaire, ni de quoi il s'agit, le magistrat trop zélé est lapidé par la foule pour ce meurtre affreux, qu'il avoue et refait impudemment. Les témoins, comme de juste, heureux de voir la chose devenir claire, jurent solennellement que c'est lui qu'ils ont vu pénétrer dans la maison du crime et réclament la mise à mort immédiate.

Une autre fois, le prévenu déclare : « Monsieur le Président, j'ai à peine serré, voyez, comme ceci. » Cependant il a déjà les mains crispées autour du cou du Président, qui se retire à demi mourant et incapable de prononcer un jugement. Mais la foule, mise à bout par ce spectacle qu'elle n'a pas compris, exige que tous deux, ces maudits querelleurs, soient mis en prison pour des années. Les avocats qui ont tout compliqué sont jetés à la porte, et la salle se vide dans un tonnerre.

◇

Les Hivinizikis sont toujours dehors. Ils ne peuvent rester à la maison. Si vous voyez quelqu'un à l'intérieur, il n'est pas chez lui. Nul doute, il est chez un ami. Toutes les portes sont ouvertes, tout le monde est ailleurs.

L'Hiviniziki vit dans la rue. L'Hiviniziki vit à cheval. Il en crèvera trois en une journée. Toujours monté, toujours galopant, voilà l'Hiviniziki.

Ce cavalier, lancé à toute allure, tout à coup s'arrête net. La beauté d'une jeune fille qui passe vient de le frapper. Aussitôt il lui jure un amour éternel, sollicite les parents, qui n'y font nulle attention, prend la rue entière à témoin de son amour, parle immédiatement de se trancher la gorge si elle ne lui est accordée et bâtonne son domestique pour donner plus de poids à son affirmation. Cependant passe sa femme dans la rue, et le souvenir en lui qu'il est déjà marié. Le voilà qui, déçu, mais non rafraîchi, se détourne, reprend sa course ventre à terre, file chez un ami, dont il trouve seulement la femme : « Oh! la vie! » dit-il; il éclate en sanglots; elle le connaît à peine; néanmoins elle le console, ils se consolent, il l'embrasse. « Oh, ne refuse pas, supplie-t-il, j'en suis autant dire à mon dernier soupir. » Il la jette dans le lit comme seau dans le puits, et lui, tout à sa soif d'amour, oubli! oubli! mais tout à coup il se regalvanise, ne fait qu'un bond jusqu'à la porte, son habit encore déboutonné, ou c'est elle qui s'écrie en pleurs : « Tu n'as pas dit que tu aimais mes yeux, tu ne m'as rien dit! » Le vide qui suit l'amour les projette dans son éloignement; elle fait atteler les chevaux, et apprêter la voiture. « Oh! Qu'ai-je fait! Qu'ai-je fait! Mes yeux qui étaient si beaux autrefois, si beaux, il ne m'en a même pas dit un mot! Il faut que j'aille vite voir à la ferme, si le loup n'a pas mangé un mouton; j'ai comme un pressentiment. »

Et dare-dare sa voiture l'emporte, mais non vers *ses* moutons, car ils ont tous été joués et perdus par son mari ce matin, la maison de campagne, les champs, et tout, sauf le loup qui n'a pas été joué aux dés. Elle-même a été jouée... et perdue, et la voilà qui arrive brisée chez son nouveau maître.

◇

Pendant les discours de l'opposition qu'il serait naturellement fastidieux d'écouter, un repas est offert dans le restaurant de la Chambre au Chef de l'État, au doyen d'âge et aux députés de son parti.

On a toujours considéré que le Chef de l'État aimait, en dehors de la carpe qui, selon lui, est au-dessus de tout, avoir à sa portée quelques éléments de distraction, tel un violon, où d'ailleurs il excelle (à la flûte il est moins bon), de la pâte à modeler de différentes couleurs, un petit arc de salon ou des fléchettes avec lesquelles il vise la chevelure des députés.

L'invité principal, le doyen de la Chambre lui-même, disparaît fréquemment pour quelques instants, va prendre le frais, courir après un chien, jeter quelques cailloux en l'air.

Ainsi chacun fait à sa guise, sans préséance.

Mais quelque argument de l'opposition soudain trouble le repas, l'inquiète. Le Chef de l'État bondit vers la porte, interrompt l'orateur, discute, la bouche encore pleine, cependant que son médecin, qui l'observait depuis quelques moments entre deux bouchées, lui trouvant je ne sais quel symptôme de maladie, veut absolument l'ausculter.

Le Chef de l'État s'engage avec véhémence dans son discours, avec véhémence mais en chemise, tandis que le médecin, lui mettant la poitrine à nu, le supplie : « Respirez mieux, faites un effort, je ne vous entends pas! »

Cependant entrent les cuisiniers, vexés qu'on n'ait pas touché au gigot et au poulet; ils entrent chargés de viandes fumantes, apportent aussi quelques assiettes, fourrent des biscuits dans les poches amies et votent à mains levées la première loi qu'on propose. Grâce à leur appui, le parti du gouvernement l'emporte.

Le peuple, dehors, en apprenant le résultat, manifeste avec exubérance, ravi d'être sagement gouverné.

Une partie de la foule, venue aux félicitations, ne trouve que chahut et contestations. Se voyant dupée une fois de plus, elle hurle à ceux du dehors de venir promptement se venger de ces ganaches de députés.

Les femmes, aussitôt accourues, traitent ceux-ci de cocus et d'impuissants à la face de la nation.

Comme j'entrais à mon tour, curieux et interrogeant, la femme, une grande brune pleine de magnétisme, qui dirigeait les séditieux, soudain changeant d'idée : « Petit sot! me dit-elle avec un sourire enjôleur, viens donc, tu seras bien mieux sur ma poitrine », et elle m'entraîna dans un couloir désert.

◇

Un général, aux grandes manœuvres, gagne une bataille et met l'ennemi en fuite, puis, ne sachant plus de quel camp il fait partie, se fait battre par une misérable arrière-garde ennemie qu'il croyait être à lui.

Mais un capitaine s'aperçoit de la chose avant qu'elle ne devienne catastrophe, prévient le général, rétablit la victoire, puis oublie ses hommes dans un fossé, et se jette à la poursuite d'un daim qu'il croit avoir aperçu au loin.

Les hommes, à leur tour, oublient qu'ils sont à la guerre et se font racoler par des filles ou par un cabaretier malin qui, de sa porte, les hèle et leur offre la première tournée.

Au moment de passer l'inspection, le général ne trouve plus que quelques paysans avec des fourches.

N'était la rare stratégie des Hivinizikis, ce serait bien dangereux, mais ce sont des stratèges hors ligne. Tous les gens cultivés y sont stratèges.

Ces messieurs nonchalants que vous voyez cueillant des poires dans ce verger, et s'en mettant plein la bouche, ne sont pas de simples maraudeurs. Ce sont deux colonels (du dimanche), ils attendent le résultat d'un savant mouvement qu'ils ont amorcé. Et ces colonels sont l'un acteur, l'autre prêtre.

Mais en ce jour de fête, ils se livrent à la passion nationale de la stratégie.

Quand ils ne disposent que de peu de temps, ils jouent au ballon. C'est là qu'il faut, pour diriger les opérations, un capitaine astucieux! Pas de ces petites mêlées comme en Europe. Non, mais d'immenses parties, en terrain accidenté, avec une centaine d'hommes et sept ou huit ballons, et qui ont lieu de préférence le soir.

Pas d'yeux de chats qui puissent voir à temps les masses de joueurs qui déboulent. On joue au son.

◇

Au théâtre, les acteurs commencent par une comédie, glissent dans le deuxième acte d'un drame, s'engagent dans une autre pièce du répertoire, terminent en une brillante improvisation.

On ne peut pas demander, il est vrai, à toutes les troupes un pareil brio, qui exige de ceux qui jouent un sens de l'adaptation presque génial, et se trouve goûté en conséquence.

Mais dans quelque théâtre que vous alliez, il y a un mouvement fou, aussi bien dans la salle que sur scène.

Quittant la salle dès la sortie de leurs acteurs préférés, rentrant dès qu'ils font leur rentrée dans une des scènes suivantes, chacun suivant ses préférences personnelles, glissant comme des anguilles le long des rangées pleines, bondissant au-dehors comme brûlés, l'agitation créée par les spectateurs est indescriptible. Il faut y avoir été pour la connaître. Au-dehors, la porte ouverte (et elle s'ouvre et se ferme continuellement comme une soupape de moteur), on entend les chevaux piaffer. Car si les Hivinizikis, entre deux actes, disposent de dix minutes, les voilà qui sautent à cheval et galopent ventre à terre à un rendez-vous.

Aussitôt revenus, ils sont à leur place, bissant et trissant de simples répliques que leurs voisins méprisent et sifflent avec autant de chaleur.

De jeunes enthousiastes montent sur scène et veulent absolument s'agenouiller devant l'héroïne, et se battent entre eux à qui l'approchera davantage.

Le drame continue, toujours vite et avant que

l'agenouillé se relève dix ou quinze ans se sont passés, peut-être davantage, la jeune femme est grand-mère à présent, on vient lui apporter sa perruque blanche.

Une autre fois, entraînée par le récit de ses malheurs, dévorée de drame, elle sent le propre drame de *sa* vie s'installer en elle. Une douleur attire l'autre. Elle se croit à la mort de sa mère, elle est prise de sueurs froides, puis au départ de son amant, « tu disais que tu m'aimerais toujours, et tu es parti en emportant même les bas que tu m'avais offerts ». Et comme si ça ne suffisait pas, voici le traître qui sort d'une porte de carton. A ce comble d'infortune, elle s'effraie avec tant d'horreur vraie que tout le premier rang des fauteuils met la main à la cravache. Et le jeune spectateur amoureux, ne pouvant rester ainsi dans des transes continuelles, s'élance pour rosser le traître. Celui-ci, quoique le prenant de haut, est précipité sur l'orchestre, dans un grand fracas à traces musicales.

LOINTAIN INTÉRIEUR

(1938)

MAGIE

I

J'étais autrefois bien nerveux. Me voici sur une nouvelle voie :

Je mets une pomme sur ma table. Puis je me mets dans cette pomme. Quelle tranquillité!

Ça a l'air simple. Pourtant, il y a vingt ans que j'essayais; et je n'eusse pas réussi, voulant commencer par là. Pourquoi pas? Je me serais cru humilié peut-être, vu sa petite taille et sa vie opaque et lente. C'est possible. Les pensées de la couche du dessous sont rarement belles.

Je commençai donc autrement et m'unis à l'Escaut.

L'Escaut à Anvers, où je le trouvai, est large et important et il pousse un grand flot. Les navires de haut bord, qui se présentent, il les prend. C'est un fleuve, un vrai.

Je résolus de faire un avec lui. Je me tenais sur le quai à toute heure du jour. Mais je m'éparpillai en de nombreuses et inutiles vues.

Et puis, malgré moi, je regardais les femmes de temps à autre, et ça, un fleuve ne le permet pas, ni une pomme ne le permet ni rien dans la nature.

Donc l'Escaut et mille sensations. Que faire? Subitement, ayant renoncé à tout, je me trouvai..., je ne dirai pas à sa place, car, pour dire vrai, ce ne fut jamais tout à fait cela. Il coule incessamment (voilà une grande difficulté) et se glisse vers la Hollande où il trouvera la mer et l'altitude zéro.

J'en viens à la pomme. Là encore, il y eut des tâtonnements, des expériences; c'est toute une histoire. Partir est peu commode et de même l'expliquer.

Mais en un mot, je puis vous le dire. *Souffrir* est le mot.

Quand j'arrivai dans la pomme, j'étais glacé.

II

Dès que je la vis, je la désirai.

D'abord pour la séduire, je répandis des plaines et des plaines. Des plaines sorties de mon regard s'allongeaient, douces, aimables, rassurantes.

Les idées de plaines allèrent à sa rencontre, et sans le savoir, elle s'y promenait, s'y trouvant satisfaite.

L'ayant bien rassurée, je la possédai.

Cela fait, après quelque repos et quiétude, reprenant mon naturel, je laissai réapparaître mes lances, mes haillons, mes précipices.

Elle sentit un grand froid et qu'elle s'était trompée tout à fait sur mon compte.

Elle s'en alla la mine défaite et creusée, et comme si on l'avait volée.

III

J'ai peine à croire que ce soit naturel et connu de tous. Je suis parfois si profondément engagé en moi-même en une boule unique et dense que, assis sur une chaise, à pas deux mètres de la lampe posée sur ma table de travail, c'est à grand-peine et après un long temps que, les yeux cependant grands ouverts, j'arrive à lancer jusqu'à elle un regard.

Une émotion étrange me saisit à ce témoignage du cercle qui m'isole.

Il me semble qu'un obus ou la foudre même n'arriverait pas à m'atteindre tant j'ai de matelas de toutes parts appliqués sur moi.

Plus simplement, ce pourrait être que la racine de l'angoisse est pour quelque temps enfouie.

J'ai dans ces moments l'immobilité d'un caveau.

IV

Cette dent de devant cariée me poussait ses aiguilles très haut dans sa racine, presque sous le nez. Sale sensation!

Et la magie? Sans doute, mais il faut alors aller se loger en masse presque sous le nez. Quel déséquilibre! Et j'hésitais, occupé ailleurs, à une étude sur le langage.

Sur ces entrefaites une vieille otite, qui dormait depuis trois ans, se réveilla et sa menue perforation dans le fond de mon oreille.

Il fallait donc bien me décider. Mouillé, autant

se jeter à l'eau. Bousculé en sa position d'équilibre, autant en chercher une autre.

Donc, je lâche l'étude et me concentre. En trois ou quatre minutes, j'efface la souffrance de l'otite (j'en connaissais le chemin). Pour la dent, il me fallut deux fois plus de temps. Une si drôle de place qu'elle occupait, presque sous le nez. Enfin elle disparaît.

La difficulté est de trouver l'endroit où l'on souffre. S'étant rassemblé, on se dirige dans cette direction, à tâtons dans sa nuit, cherchant à le circonscrire (les énervés n'ayant pas de concentration sentent le mal partout), puis, à mesure qu'on l'entame, le visant avec plus de soin, car il devient petit, petit, dix fois plus petit qu'une pointe d'épingle; vous veillez cependant sur lui sans lâcher, avec une attention croissante, lui lançant votre euphorie jusqu'à ce que vous n'ayez plus aucun point de souffrance devant vous. C'est que vous l'avez bien trouvé.

Maintenant, il faut y rester sans peine. A cinq minutes d'effort doit succéder une heure et demie ou deux heures de calme et d'insensibilité. Je parle pour les hommes pas spécialement forts ni doués; c'est d'ailleurs « mon temps ».

(A cause de l'inflammation des tissus, il subsiste une sensation de pression, de petit bloc isolé, comme il subsiste après l'injection d'un liquide anesthésique.)

V

Je suis tellement faible (je l'étais surtout), que si je pouvais coïncider d'esprit avec qui que ce soit, je serais immédiatement subjugué et avalé par lui et entièrement sous sa dépendance; mais j'y ai l'œil, attentif, acharné plutôt à être toujours bien exclusivement moi.

Grâce à cette discipline, j'ai maintenant des chances de plus en plus grandes de ne jamais coïncider avec quelque esprit que ce soit et de pouvoir circuler librement en ce monde.

Mieux! M'étant à tel point fortifié, je lancerais bien un défi au plus puissant des hommes. Que me ferait sa volonté? Je suis devenu si aigu et circonstancié, que, m'ayant en face de lui, il n'arriverait pas à me trouver.

UNE TÊTE SORT DU MUR

J'ai l'habitude, le soir, bien avant d'y être poussé par la fatigue, d'éteindre la lumière.

Après quelques minutes d'hésitation et de surprise, pendant lesquelles j'espère peut-être pouvoir m'adresser à un être, ou qu'un être viendra à moi, je vois une tête énorme de près de deux mètres de surface qui, aussitôt formée, fonce sur les obstacles qui la séparent du grand air.

D'entre les débris du mur troué par sa force, elle apparaît à l'extérieur (je la sens plus que je ne la vois) toute blessée elle-même et portant les traces d'un douloureux effort.

Elle vient avec l'obscurité, régulièrement depuis des mois.

Si je comprends bien, c'est ma solitude qui à présent me pèse, dont j'aspire subconsciemment à sortir, sans savoir encore comment, et que j'exprime de la sorte, y trouvant, surtout au plus fort des coups, une grande satisfaction.

Cette tête vit, naturellement. Elle possède *sa* vie.

Elle se jette ainsi des milliers de fois à travers plafonds et fenêtres, à toute vitesse et avec l'obstination d'une bielle.

Pauvre tête!

Mais pour sortir vraiment de la solitude on doit être moins violent, moins énervé, et avoir une âme à ne pas se contenter d'un spectacle.

Parfois, non seulement elle, mais moi-même, avec un corps fluide et dur que je me sens, bien différent du mien, infiniment plus mobile, souple et inattaquable, je fonce à mon tour avec impétuosité et sans répit, sur portes et murs. J'adore me lancer de plein fouet sur l'armoire à glace. Je frappe, je frappe, je frappe, j'éventre, j'ai des satisfactions surhumaines, je dépasse sans effort la rage et l'élan des grands carnivores et des oiseaux de proie, j'ai un emportement au-delà des comparaisons. Ensuite, pourtant, à la réflexion, je suis bien surpris, je suis de plus en plus surpris qu'après tant de coups, l'armoire à glace ne se soit pas encore fêlée, que le bois n'ait pas eu même un grincement.

UN TOUT PETIT CHEVAL

J'ai élevé chez moi un petit cheval. Il galope dans ma chambre. C'est ma distraction.

Au début, j'avais des inquiétudes. Je me demandais s'il grandirait. Mais ma patience a été récompensée. Il a maintenant plus de cinquante-trois centimètres et mange et digère une nourriture d'adulte.

La vraie difficulté vint du côté d'Hélène. Les femmes ne sont pas simples. Un rien de crottin les indispose. Ça les déséquilibre. Elles ne sont plus elles-mêmes.

« D'un si petit derrière, lui disais-je, bien peu de crottin peut sortir », mais elle... Enfin, tant pis, il n'est plus question d'elle à présent.

Ce qui m'inquiète, c'est autre chose, ce sont tout d'un coup, certains jours, les changements étranges de mon petit cheval. En moins d'une heure, voilà que sa tête enfle, enfle, son dos s'incurve, se gondole, s'effiloche et claque au vent qui entre par la fenêtre.

Oh! Oh!

Je me demande s'il ne me trompe pas à se donner pour cheval; car même petit, un cheval ne se déploie pas comme un pavillon, ne claque pas au vent, fût-ce pour quelques instants seulement.

Je ne voudrais pas avoir été dupe, après tant de soins, après tant de nuits que j'ai passées à le veiller, le défendant des rats, des dangers toujours proches, et des fièvres du jeune âge.

Parfois, il se trouble de se voir si nain. Il s'effare. Ou en proie au rut, il fait par-dessus les chaises des bonds énormes et il se met à hennir, à hennir désespérément.

Les animaux femelles du voisinage dardent leur attention, les chiennes, les poules, les juments, les souris. Mais, c'est tout. « Non », décident-elles, chacune pour soi, collée à son instinct. « Non, ce n'est pas à moi de répondre. » Et jusqu'à présent aucune femelle n'a répondu.

Mon petit cheval me regarde avec de la détresse, avec de la fureur dans ses deux yeux.

Mais, qui est en faute? Est-ce moi?

VISION

Tout d'un coup, l'eau savonnée dans laquelle elle se lavait les mains se mua en cristaux tranchants, en dures aiguilles, et le sang comme il sait faire s'en alla, laissant la femme se débrouiller.

Peu de temps après, comme il est courant en ce siècle obsédé de nettoyage, un homme arriva, lui aussi, avec l'intention de se laver, retroussa très haut ses manches, enduisit son bras d'eau mousseuse (c'était à présent de la vraie mousse) posément, attentivement; mais insatisfait, il le rompit d'un coup sec sur le rebord de l'évier, et se mit à en laver un autre plus long qui lui poussa aussitôt, en remplacement du premier; c'était un bras adouci d'un duvet plus fourni, plus soyeux, mais l'ayant bien savonné, presque amoureusement, soudain lui lançant un regard dur, soudain insatisfait, il le cassa, « kha! »; et un autre encore qui repoussa à sa place, il le cassa de même, et puis le suivant, et puis encore un et puis encore un (il n'était jamais satisfait) et ainsi jusqu'à dix-sept, car dans mon épouvante je comptais! Ensuite il disparut avec un dix-huitième, qu'il préféra ne pas laver et utiliser tel quel pour les besoins de la journée.

L'ANIMAL MANGE-SERRURE

Dans les couloirs de l'hôtel, je le rencontrai qui se promenait avec un petit animal mange-serrure.

Il posait le petit animal sur son coude, alors l'animal était content et mangeait la serrure.

Puis il allait plus loin, et l'animal était content et une autre serrure était mangée. Et ainsi de plusieurs, et ainsi de quantité. L'homme se promenait comme quelqu'un dont le « chez soi » est devenu plus considérable. Dès qu'il poussait une porte, une nouvelle vie commençait pour lui.

Mais le petit animal était si affamé de serrures que son maître devait bientôt ressortir à la recherche d'autres effractions, si bien qu'il trouvait peu de repos.

Je ne voulus pas faire alliance avec cet homme, je lui dis que, moi, ce que je préférais dans la vie, c'était de sortir. Il eut un regard blanc. Nous n'étions pas du même bord, voilà tout, sans quoi j'aurais fait alliance avec lui; il me plaisait sans me convenir.

LA NATURE, FIDÈLE A L'HOMME

Non, il est sans exemple que l'obscurité, éclairée par un grand feu de bois, tarde à s'en aller, ne s'en aille que nonchalamment et comme à contrecœur. C'est sur des points pareils que l'esprit humain assoit sa sécurité et non sur la notion du bien ou du mal.

Non seulement l'eau est toujours prête à bouillir, et n'attend que d'être chauffée, mais l'océan lui-même, au comble de sa fureur, n'a de forme que celle de son lit qu'un continent affaissé l'oblige d'occuper. Le reste est égratignures du vent.

Par cette soumission, l'eau plaît aux faibles, les étangs, les lacs leur plaisent. Ils y perdent leur sentiment d'infériorité. Ils peuvent enfin respirer. Ces grandes étendues de faiblesse leur montent à la tête en orgueil et triomphe soudain.

Qu'ils s'en gargarisent bien, car une fille moqueuse et un père sceptique, en moins de ça, les culbuteront de cette plate-forme inouïe, où ils s'imaginaient régner à jamais.

LE BOURREAU

Vu la faiblesse de mon bras, je n'eusse jamais pu être bourreau. Aucun cou, je ne l'eusse tranché proprement, ni même d'aucune façon. L'arme, dans mes mains, eût buté non seulement sur l'obstacle impérial de l'os, mais encore sur les muscles de la région du cou de ces hommes entraînés à l'effort, à la résistance.

Un jour, cependant, se présenta pour mourir un condamné au cou si blanc, si frêle qu'on se rappela ma candidature au poste de bourreau; on conduisit le condamné près de ma porte et on me l'offrit à tuer.

Comme son cou était oblong et délicat, il eût pu être tranché comme une tartine. Je ne manquai pas de m'en rendre compte aussitôt, c'était vraiment tentant. Toutefois, je refusai poliment, tout en remerciant vivement.

Presque aussitôt après, je regrettai mon refus, mais il était trop tard, déjà le bourreau ordinaire lui tranchait la tête. Il la lui trancha communément, ainsi que n'importe quelle tête, suivant l'usage qu'il avait des têtes, inintéressé, sans même voir la différence.

Alors je regrettai, j'eus du dépit et me fis des reproches d'avoir, comme j'avais fait, refusé vite, nerveusement et presque sans m'en rendre compte.

DIMANCHE A LA CAMPAGNE

Jarrettes et Jarnetons s'avançaient sur la route débonnaire.

Darvises et Potamons folâtraient dans les champs.

Une de parmegarde, une de tarmouise, une vieille paricaridelle ramiellée et foruse se hâtait vers la ville.

Garinettes et Farfalouves devisaient allégrement.

S'éboulissant de groupe en groupe, un beau Ballus de la famille des Bormulacés rencontra Zanicovette. Zanicovette sourit, ensuite Zanicovette, pudique, se détourna.

Hélas! la paricaridelle, d'un coup d'œil, avait tout vu.

« Zanicovette! » cria-t-elle. Zanicovette eut peur et s'enfuit.

Le vieux soleil entouré de nuages s'abritait lentement à l'horizon.

L'odeur de la fin du jour d'été se faisait sentir faiblement, mais profondément, futur souvenir indéfinissable dans les mémoires.

Les embasses et les ranoulements de la mer s'entendaient au loin, plus graves que tout à l'heure. Les abeilles étaient déjà toutes rentrées. Restaient quelques moustiques en goupil.

Les jeunes gens, les moins sérieux du village, s'acheminèrent à leur tour vers leur maisonnette.

Le village formait sur une éminence une éminence plus découpée. Olopoutre et pailloché, avec ses petits toits égrissés et croquets, il fendait l'azur comme un petit navire excessivement couvert, surponté et brillant, brillant!

La paricaridelle excitée et quelques vieilles coquillardes, sales rides et mauvaises langues, achactées à tout, épiaient les retardataires. L'avenir contenait un sanglot et des larmes. Zanicovette dut les verser.

ENTRE CENTRE ET ABSENCE

C'était à l'aurore d'une convalescence, la mienne sans doute, qui sait? qui sait? brouillard! brouillard! on est si exposé, on est tout ce qu'il y a de plus exposé...

« Médicastres infâmes, me disais-je, vous écrasez en moi l'homme que je désaltère. »

C'était à la porte d'une longue angoisse, automne! automne! fatigue! j'attendais du côté « vomir », j'attendais, j'entendais au loin ma caravane échelonnée, peinant vers moi, patinant, s'enlisant, sable! sable!

C'était le soir, le soir de l'angoisse, le soir gagne, implacable halage. « Les grues, me disais-je, rêveur, les grues qui se réjouissent de voir au loin les phares... »

C'était à la fin de la guerre des membres. « Cette fois, me disais-je, je passerai, j'étais trop orgueilleux, mais cette fois je passerai, je passe... » Inouïe simplicité! Comment ne t'avais-je pas devinée?... Sans ruse, le poulet sort parfait d'un œuf anodin...

C'était pendant l'épaississement du Grand Écran.

Je VOYAIS ! « Se peut-il, me disais-je, se peut-il vraiment ainsi qu'on se survole? »

C'était à l'arrivée, entre centre et absence, à l'Eurêka, dans le nid de bulles...

LA RALENTIE

Ralentie, on tâte le pouls des choses; on y ronfle; on a tout le temps; tranquillement, toute la vie. On gobe les sons, on les gobe tranquillement; toute la vie. On vit dans son soulier. On y fait le ménage. On n'a plus besoin de se serrer. On a tout le temps. On déguste. On rit dans son poing. On ne croit plus qu'on sait. On n'a plus besoin de compter. On est heureuse en buvant; on est heureuse en ne buvant pas. On fait la perle. On est, on a le temps. On est la ralentie. On est sortie des courants d'air. On a le sourire du sabot. On n'est plus fatiguée. On n'est plus touchée. On a des genoux au bout des pieds. On n'a plus honte sous la cloche. On a vendu ses monts. On a posé son œuf, on a posé ses nerfs.

Quelqu'un dit. Quelqu'un n'est plus fatigué. Quelqu'un n'écoute plus. Quelqu'un n'a plus besoin d'aide. Quelqu'un n'est plus tendu. Quelqu'un n'attend plus. L'un crie. L'autre obstacle. Quelqu'un roule, dort, coud, est-ce toi, Lorellou?

Ne peut plus, n'a plus part à rien, quelqu'un.

Quelque chose contraint quelqu'un.

Soleil, ou lune, ou forêts, ou bien troupeaux, foules ou villes, quelqu'un n'aime pas ses compagnons de voyage. N'a pas choisi, ne reconnaît pas, ne goûte pas.

Princesse de marée basse a rendu ses griffes; n'a plus le courage de comprendre; n'a plus le cœur à avoir raison.

... Ne résiste plus. Les poutres tremblent et c'est vous. Le ciel est noir et c'est vous. Le verre casse et c'est vous.

On a perdu le secret des hommes.

Ils jouent la pièce « en étranger ». Un page dit « Beh » et un mouton lui présente un plateau. Fatigue! Fatigue! Froid partout!

Oh! fagots de mes douze ans, où crépitez-vous maintenant?

On a son creux ailleurs.

On a cédé sa place à l'ombre, par fatigue, par goût du rond. On entend au loin la rumeur de l'Asclépiade, la fleur géante.

... ou bien une voix soudain vient vous brâmer au cœur.

On recueille ses disparus, venez, venez.

Tandis qu'on cherche sa clef dans l'horizon, on a la noyée au cou, qui est morte dans l'eau irrespirable.

Elle traîne. Comme elle traîne! Elle n'a cure de nos soucis. Elle a trop de désespoir. Elle ne se rend qu'à sa douleur. Oh, misère, oh, martyre, le cou serré sans trêve par la noyée.

On sent la courbure de la Terre. On a désormais les cheveux qui ondulent naturellement. On ne trahit plus le sol, on ne trahit plus l'ablette, on est sœur par l'eau et par la feuille. On n'a plus le regard de son œil, on n'a plus la main de son bras. On n'est plus vaine. On n'envie plus. On n'est plus enviée.

On ne travaille plus. Le tricot est là, tout fait, partout.

On a signé sa dernière feuille, c'est le départ des papillons.

On ne rêve plus. On est rêvée. Silence.

On n'est plus pressée de savoir.

C'est la voix de l'étendue qui parle aux ongles et à l'os.

Enfin chez soi, dans le pur, atteinte du dard de la douceur.

On regarde les vagues dans les yeux. Elles ne peuvent plus tromper. Elles se retirent, déçues, du flanc du navire. On sait, on sait les caresser. On sait qu'elles ont honte, elles aussi.

Épuisées, comme on les voit, comme on les voit désemparées!

Une rose descend de la nue et s'offre au pèlerin; parfois, rarement, combien rarement. Les lustres n'ont pas de mousse, ni le front de musique.

Horreur! Horreur sans objet!

Poches, cavernes toujours grandissantes.

Loques des cieux et de la terre, monde avalé sans profit, sans goût, et rien que pour avaler.

Une veilleuse m'écoute. « Tu dis, fait-elle, tu dis la juste vérité, voilà ce que j'aime en toi. » Ce sont les propres paroles de la veilleuse.

On m'enfonçait dans des cannes creuses. Le monde se vengeait. On m'enfonçait dans des cannes creuses, dans des aiguilles de seringues. On ne voulait pas me voir arriver au soleil où j'avais pris rendez-vous.

Et je me disais : « Sortirai-je? Sortirai-je? Ou bien ne sortirai-je jamais? jamais? » Les gémissements sont plus forts loin de la mer, comme quand le jeune homme qu'on aime s'éloigne d'un air pincé.

Il est d'une grande importance qu'une femme se couche tôt pour pleurer, sans quoi elle serait trop accablée.

A l'ombre d'un camion pouvoir manger tranquillement. Je fais mon devoir, tu fais le tien, et d'attroupement nulle part.

Silence! Silence! Même pas vider une pêche. On est prudente, prudente.

On ne va pas chez le riche. On ne va pas chez le savant. Prudente, lovée dans ses anneaux.

Les maisons sont des obstacles. Les déménageurs sont des obstacles. La fille de l'air est un obstacle.

Rejeter, bousculer, défendre son miel avec son sang, évincer, sacrifier, faire périr... Pet parmi les aromates renverse bien des quilles.

Oh, fatigue, effort de ce monde, fatigue universelle, inimitié!

Lorellou, Lorellou, j'ai peur... Par moment l'obscurité, par moment les bruissements.

Écoute. J'approche des rumeurs de la Mort.

Tu as éteint toutes mes lampes.

L'air est devenu tout vide, Lorellou.

Mes mains, quelle fumée! Si tu savais... Plus de paquets, plus porter, plus pouvoir. Plus rien, petite.

Expérience : misère; qu'il est fou le porte-drapeau!

...et il y a toujours le détroit à franchir.

Mes jambes, si tu savais, quelle fumée!

Mais j'ai sans cesse ton visage dans la carriole...

Avec une doublure de canari, ils essayaient de me tromper. Mais moi, sans trêve, je disais : « Corbeau! Corbeau! » Ils se sont lassés.

Écoute, je suis plus qu'à moitié dévorée. Je suis trempée comme un égout.

« Pas d'année, dit grand-père, pas d'année où je vis tant de mouches. » Et il dit la vérité. Il la dit sûrement... Riez, riez, petits sots, jamais ne comprendrez que de sanglots il me faut pour chaque mot.

Le vieux cygne n'arrive plus à garder son rang sur l'eau.

Il ne lutte plus. Des apparences de lutte seulement.

Non, oui, non. Mais oui, je me plains. Même l'eau soupire en tombant.

Je balbutie, je lape la vase à présent. Tantôt l'esprit du mal, tantôt l'événement... J'écoutais l'ascenseur. Tu te souviens, Lorellou, tu n'arrivais jamais à l'heure.

Forer, forer, étouffer, toujours la glacière-misère. Répit dans la cendre, à peine, à peine; à peine on se souvient.

Entrer dans le noir avec toi, comme c'était doux, Lorellou...

Ces hommes rient. Ils rient.
Ils s'agitent. Au fond, ils ne dépassent pas un grand silence.
Ils disent « là ». Ils sont toujours « ici ».
Pas fagotés pour arriver.
Ils parlent de Dieu, mais c'est avec leurs feuilles.
Ils ont des plaintes. Mais c'est le vent.
Ils ont peur du désert.

... Dans la poche du froid et toujours la route aux pieds.

Plaisirs de l'Arragale, vous succombez ici. En vain tu te courbes, tu te courbes, son de l'olifant, on est plus bas, plus bas...

Dans le souterrain, les oiseaux volèrent après moi, mais je me retournai et dis : « Non. Ici, souterrain. Et la stupeur est son privilège. »

Ainsi je m'avançai seule, d'un pas royal.

Autrefois, quand la Terre était solide, je dansais, j'avais confiance. A présent, comment serait-ce possible? On détache un grain de sable et toute la plage s'effondre, tu sais bien.

Fatiguée, on pèle du cerveau et on sait qu'on pèle, c'est le plus triste.

Quand le malheur tire son fil, comme il découd, comme il découd!

« Poursuivez le nuage, attrapez-le, mais attrapez-le donc », toute la ville paria, mais je ne pus l'attraper. Oh, je sais, j'aurais pu... un dernier bond... mais je n'avais plus le goût. Perdu l'hémisphère, on n'est plus soutenue, on n'a plus le cœur à sauter. On ne trouve plus les gens où ils se mettent. On dit : « Peut-être. Peut-être bien », on cherche seulement à ne pas froisser.

Écoute, je suis l'ombre d'une ombre qui s'est enlisée.

Dans tes doigts, un courant si léger, si rapide, où est-il maintenant... où coulaient des étincelles. Les autres ont des mains comme de la terre, comme un enterrement.

Juana, je ne puis rester, je t'assure. J'ai une jambe de bois dans la tirelire à cause de toi. J'ai le cœur crayeux, les doigts morts à cause de toi.

Petit cœur en balustrade, il fallait me retenir plus tôt. Tu m'as perdu ma solitude. Tu m'as arraché le drap. Tu as mis en fleur mes cicatrices.

Elle a pris mon riz sur mes genoux. Elle a craché sur mes mains.

Mon lévrier a été mis dans un sac. On a pris la maison, entendez-vous, entendez-vous le bruit qu'elle fit, quand, à la faveur de l'obscurité, ils l'emportèrent, me laissant dans le champ comme une borne. Et je souffris grand froid.

Ils m'étendirent sur l'horizon. Ils ne me laissèrent plus me relever. Ah! Quand on est pris dans l'engrenage du tigre...

Des trains sous l'océan, quelle souffrance! Allez, ce n'est plus être au lit, ça. On est princesse ensuite, on l'a mérité.

Je vous le dis, je vous le dis, vraiment là où je suis, je connais aussi la vie. Je la connais. Le cerveau d'une plaie en sait des choses. Il vous voit aussi, allez, et vous juge tous, tant que vous êtes.

Oui, obscur, obscur, oui inquiétude. Sombre semeur. Quelle offrande! Les repères s'enfuirent à tire d'aile. Les repères s'enfuient à perte de vue, pour le délire, pour le flot.

Comme ils s'écartent, les continents, comme ils s'écartent pour nous laisser mourir! Nos mains chantant l'agonie se desserrèrent, la défaite aux grandes voiles passa lentement.

Juana! Juana! Si je me souviens... Tu sais quand tu disais, tu sais, tu le sais pour nous deux, Juana! Oh! ce départ! Mais pourquoi? Pourquoi? Vide?

Vide, vide, angoisse; angoisse, comme un seul grand mât sur la mer.

Hier, hier encore, hier, il y a trois siècles; hier, croquant ma naïve espérance, hier, sa voix de pitié rasant le désespoir, sa tête soudain rejetée en arrière, comme un hanneton renversé sur les élytres, dans un arbre qui subitement s'ébroue au vent du soir, ses petits bras d'anémone, aimant sans serrer, volonté comme l'eau tombe...

Hier, tu n'avais qu'à étendre un doigt, Juana; pour nous deux, pour tous deux, tu n'avais qu'à étendre un doigt.

ANIMAUX FANTASTIQUES

Avec simplicité les animaux fantastiques sortent des angoisses et des obsessions et sont lancés au dehors sur les murs des chambres où personne ne les aperçoit que leur créateur.

La maladie accouche infatigablement d'une création animale inégalable.

La fièvre fit plus d'animaux que les ovaires n'en firent jamais.

Dès le premier malaise, ils sortent des tapisseries les plus simples, grimaçant à la moindre courbe, profitant d'une ligne verticale pour s'élancer, grossis de la force immense de la maladie et de l'effort pour en triompher; animaux qui donnent des inquiétudes, à qui on ne peut s'opposer efficacement, dont on ne peut deviner comment ils vont se mouvoir, qui ont des pattes et des appendices en tous sens.

Les bêtes à trompes ne sont pas spéciales aux femmes; elles visitent aussi l'homme, le touchant au nombril, lui causant grande appréhension, et bientôt tout un ensemble de trompes, des parasols de trompes l'encerclent — comment résister? — trompes qui deviennent si vite des tentacules.

Comme c'est saisissant! Comme on s'en doutait d'ailleurs! Oh! trois heures du matin! Heure de l'angoisse, la plus creuse, la plus maligne de la nuit!

Les animaux à matrices multiples, aux matrices bleues de lèpre, apparaissent vers les quatre heures du matin; ils se retournent tout d'un coup et vous tombez dans un lac ou dans de la boue.

Mais les yeux restent les grandes commandes de l'effroi.

Cette bête lève la patte pour se soulager. Que ne vous êtes-vous méfié? Elle lève la patte de derrière et démasque au centre d'une touffe de poils roux un œil vert et méchant, perfide et qui ne croit plus à rien; ou ce sont des colliers d'yeux dans le cou qui tournent fébrilement de tous côtés, ou les émissaires du Juge qui vous regardent de partout sous des paupières de pierre, avec les yeux implacables de la grandeur unie à la mesquinerie ou aux remords et qui profitent de votre raison sans défense.

Sitôt la maladie terminée, ils s'en vont. On ne garde pas de relations avec eux et comme les êtres vivants n'en ont pas noué, il ne reste bientôt plus rien de l'immense troupeau, et l'on peut reprendre une existence entièrement renouvelée.

Seuls les animaux des intoxiqués de continence ne meurent pas. Ils accompagnent leur homme, sans répit.

Prompts à agir, lugubres et tenaces, ils accomplissent parfois le crime de bestialité. Ils sont poilus avec des parties molles, ou nus, avec une tendance à se bleuter.

Mais revenons à la proie. Le malade est dans son lit, sous des couvertures plus lourdes que lui-même et sa main pendante, faible comme bandage défait. Quel animal n'en profiterait? Juste revanche. On voit un scarabée parcourir un grand chemin, pour traverser cet œil qui tant l'intrigua. Contre un homme il ne peut lutter, mais contre une paupière lasse, comment ne le pourrait-il pas?

Il promène sur le globe oculaire la curiosité de ses pattes, qui semblent trifurquées quoiqu'elles ne le soient pas.

Il veut tout connaître de cette route blanche et rentrante, aux zones bleues. Sans se presser, il y promène son deuil raide et empesé.

Des loups viennent mordre le poignet sans détente, et la main qui s'épuise. Les rats s'approchent, sautant sans bruit, sans bruit.

Impuissance, puissance des autres.

On n'a même pas la mort pour se défendre. Pour les autres, on est encore presque chaud, et désirable comme une jeune vierge en robe transparente dans une caserne de troupiers.

A vouloir sans cesse hurler « au secours », l'attention du malade se disloque, et le fil de la volonté est définitivement rompu.

A la nouvelle de ce fil brisé accourent irrémédiablement de tous les coins de l'horizon, du Passé et de l'Avenir même, avec la sécurité qu'on a sur des terrains conquis d'avance, les corps et les esprits monstrueux qui, rejetés, dormaient autrefois dans le lac brun.

Une flottille de cercueils apparaît près de la jetée, cependant qu'un mort embroché par un espadon fait un geste las à moins que ce ne soit de miséricorde.

Un chien à la langue pourrie hésite à lécher le malade.

Une belette tremblante, le crâne ouvert, dans un cerveau ruisselant de sang laisse voir une petite roue dentée métallique.

Jamais de repos; et quand la grande guêpe-paradis, belle jusqu'aux cuisses et au-delà jaune et calcinée, s'envole, cherchant son appui, se pose et se courbe en mouvements spasmodiques sur la lèvre du malade affolé qui n'en peut plus, qui n'en peut plus... Oh mortelle minute, mortelle entre les mortelles.

Souffle de malade, que peux-tu? toi qui ne pourrais même plus soulever une aile d'insecte!

Sa main alors... car ce n'est pas une fois qu'une main peut être détruite. Étrange multiplication, un lion l'a broyée, une panthère la reprend, un ours ensuite la retrouve. Morcelée, jamais si détruite qu'elle n'attire encore un ennemi.

Une hyène pour finir; non jamais « pour finir ». Épave sur les flots, jamais on ne s'occupa autant d'elle, la retournant, la roulant, la reprenant sans cesse.

D'une montagne couleur de rouille sortent les gros animaux. Les petites espèces sortent de partout, des membres inférieurs, d'une jambe bien faite, creuse assurément; d'ailleurs, qu'est-ce qui n'est pas creux?

D'un mur humide suintent des vers, des vers, des anguilles, des orvets, des lamproies, et des congres toujours assoiffés de sang et de carnage.

— Ils n'ont certes pas de consistance.

— Allons donc, ils en prennent bientôt, ils en prennent extrêmement vite de la consistance, comme un pardessus, qui vu de dos paraît vide, mais qui, contourné, en un instant se trouve gros d'un Monsieur important, qui vous observe avec condescendance.

Pas un animal qui soit absolument inoffensif. Le plus lent, le plus enfermé en lui-même, tout à coup une violence insoupçonnable le fait éclater, et le voilà dépoitraillé, ses enveloppes crevées, et ses boyaux qui versent, lourds et hideux, charge qu'on cache tant qu'on peut, à soi-même et aux autres.

Qui donc a dit les animaux farouches? Curieux, au contraire. Comme ils viennent voir, dès qu'ils vous savent cloué au lit. Ils tombent, ils vous assaillent, ils n'ont de centre qu'en vous.

Même les choses ne trouvent leur centre qu'en vous. Accrochées, elles attendaient de pouvoir trouver en vous leur centre et l'immense force d'immobilité leur vient à point contre le pauvre malade, toujours tressaillant et sur le qui-vive.

Un homme fut frappé par un roc qu'il avait trop regardé. Le roc n'avait pas bougé. Tous les natifs de l'endroit peuvent l'attester. Et d'ailleurs peu importe, peu importent les rumeurs, le malade sait *d'expérience*.

Dans le monde des animaux, tout est transformation. Pour dire la chose d'un mot, ils ne songent qu'à cela. Dites-moi, qu'y a-t-il de plus protéiforme que le cheval?

Tantôt phoque, il vient prendre l'air entre deux cassures de la banquise, tantôt farouche et malheureux, il écrase tout comme l'éléphant en rut.

Vous jetez par terre une bille, c'est un cheval. Deux billes, deux chevaux, dix billes, sept à huit chevaux au moins... quand c'est l'époque.

On en voit à grands flots sortir d'une gare, à l'improviste, agitant leur grande tête douce qui peut devenir si folle, si folle, et c'est la ruée vers la sortie, piétinant tout ce qui se trouve sur leur chemin et vous-même, pauvre malade qui pour une illusion de liberté vous étiez traîné vers la gare, vers les trains qui, pour un peu d'argent, transportent à la mer à la montagne.

En rentrant, vous les retrouvez semblables cette fois plutôt à des caniches collants, qui demandent toujours à être dorlotés, qui trouvent toujours une porcelaine à casser ou un nez fin de statue à opposer désastreusement à un bloc de matière plus résistant.

Et on n'ose les renvoyer à cause de l'escalier où, se changeant une fois de plus en gros percherons, ils feront, outre un bruit de tonnerre qui attirera tous les locataires, de grands dégâts en eux-mêmes et au-dehors (jarrets brisés et ce qu'on ne prévoit que trop aisément). Douze chevaux dans un escalier, le plus large y suffirait à peine, et d'ailleurs dans le cas d'escaliers plus grands, il y aurait beaucoup plus de chevaux, des escadrons de chevaux (l'imagination malade ne se trompe jamais dans ses comptes. Elle ne fait jamais trop petit, jamais, jamais).

Les naseaux en feu, l'encolure raide, et les lèvres convulsées, ils dévalent de tous côtés; rien, absolument rien ne peut les en empêcher.

Mais assez parlé des chevaux. Le spectacle est grand partout, et généreusement offert.

Quand la maladie, aidée des tambours de la fièvre, entreprend une grande battue dans les forêts de l'être, si riche en animaux, que n'en sort-il pas?

Pour le malade, pas d'espèces éteintes. Elles peuvent se réveiller d'un sommeil de quarante mille ans.

Le Toxodon pour lui revit, pour lui seul, et le Dinornis géant pond pour lui un dernier œuf, puis aussitôt après fond sur le curieux qui s'était laissé aller à l'observer innocemment. Et tandis qu'il est renversé, l'énorme Mégathérium se levant, les os encore trempés des boues du Tertiaire, vient peser sur sa poitrine angoissée.

Que ne peut la maladie?

Guidés par votre propre sentiment de renversement et de nervosité, les animaux se renversent et se déboîtent.

Le singe se renverse et devient balai, un balai roux penché nonchalamment contre la muraille.

La loutre se renverse et devient éponge, elle ne bouge plus et s'enfonce lentement dans l'eau.

L'âne se renverse et devient un buffle et devient un requin qui s'élance vers vous, la gueule renversée pour happer tandis que, en qualité de constrictor, le python royal serre à craquer votre thorax oppressé.

Et le jeu monstrueux se poursuit à travers l'interminable nuit qui est la nuit des fiévreux.

De plus graves malheurs apparaissent. Opacité de la tête, qui t'a bien connue, ne s'étonne plus.

Troupeaux dans le crâne on vous supporte, mais troupeaux au galop, qui vous supporterait? Sons de mélodie, si vous deveniez clous pointus?

La tarière qui s'enfonce dans le cerveau traverse le moment présent du perçant d'une pointe inégalable. Qu'est-ce qui est plus exclusivement actuel?

Branches fulgurantes de la douleur sur lesquelles aucun oiseau ne se posera.

Mais parfois aussi la maladie s'en va et son théâtre part avec elle. Heureuse convalescence, qui voit tous les animaux diminuer de taille et se raréfier, les prairies redevenir vertes et paisibles, les murs et les meubles reprendre leur air de lourdauds, incapables de tout sauf de se tenir sur place toujours, pour leur repos et celui de votre esprit.

Un immense drap se déchire à votre oreille et l'on « entend » un profond silence, bordé de cavernes qui ne paraissent pas prêtes à céder.

Dans ce profond silence seul compatible avec son délicieux bruissement, vit la santé. Allons, tu es rentré dans la vie, petit.

Innocent et bientôt oublieux... et jusqu'à la prochaine.

« JE VOUS ÉCRIS D'UN PAYS LOINTAIN »

I

Nous n'avons ici, dit-elle, qu'un soleil par mois, et pour peu de temps. On se frotte les yeux des jours à l'avance. Mais en vain. Temps inexorable. Soleil n'arrive qu'à son heure.

Ensuite on a un monde de choses à faire, tant qu'il y a de la clarté, si bien qu'on a à peine le temps de se regarder un peu.

La contrariété, pour nous, dans la nuit, c'est quand il faut travailler, et il le faut : il naît des nains continuellement.

II

Quand on marche dans la campagne, lui confie-t-elle encore, il arrive que l'on rencontre sur son chemin des masses considérables. Ce sont des montagnes, et il faut tôt ou tard se mettre à plier les genoux. Rien ne sert de résister, on ne pourrait plus avancer, même en se faisant du mal.

Ce n'est pas pour blesser que je le dis. Je pourrais dire d'autres choses, si je voulais vraiment blesser.

III

L'aurore est grise ici, lui dit-elle encore. Il n'en fut pas toujours ainsi. Nous ne savons qui accuser.

Dans la nuit le bétail pousse de grands mugissements, longs et flûtés pour finir. On a de la compassion, mais que faire?

L'odeur des eucalyptus nous entoure : bienfait, sérénité, mais elle ne peut préserver de tout, ou bien pensez-vous qu'elle puisse réellement préserver de tout?

IV

Je vous ajoute encore un mot, une question plutôt.

Est-ce que l'eau coule aussi dans votre pays? (je ne me souviens pas si vous me l'avez dit) et elle donne aussi des frissons, si c'est bien elle.

Est-ce que je l'aime? Je ne sais. On se sent si seule dedans, quand elle est froide. C'est tout autre chose quand elle est chaude. Alors? Comment juger? Comment jugez-vous, vous autres, dites-moi, quand vous parlez d'elle sans déguisement, à cœur ouvert?

V

Je vous écris du bout du monde. Il faut que vous le sachiez. Souvent les arbres tremblent. On recueille les feuilles. Elles ont un nombre fou de nervures. Mais à quoi bon? Plus rien entre elles et l'arbre, et nous nous dispersons, gênées.

Est-ce que la vie sur terre ne pourrait pas se poursuivre sans vent? Ou faut-il que tout tremble, toujours, toujours?

Il y a aussi des remuements souterrains, et dans la maison comme des colères qui viendraient au-devant de vous, comme des êtres sévères qui voudraient arracher des confessions.

On ne voit rien, que ce qu'il importe si peu de voir. Rien, et cependant on tremble. Pourquoi?

VI

Nous vivons toutes ici la gorge serrée. Savez-vous que, quoique très jeune, autrefois j'étais plus jeune encore, et mes compagnes pareillement. Qu'est-ce que cela signifie? Il y a là, sûrement, quelque chose d'affreux.

Et autrefois quand, comme je vous l'ai déjà dit, nous étions encore plus jeunes, nous avions peur. On eût profité de notre confusion. On nous eût dit : « Voilà, on vous enterre. Le moment est arrivé. » Nous pensions : « C'est vrai, nous pourrions aussi bien être enterrées ce soir, s'il est avéré que c'est le moment. »

Et nous n'osions pas trop courir : essoufflées, au bout d'une course, arriver devant une fosse toute prête, et pas le temps de dire mot, pas le souffle.

Dites-moi, quel est donc le secret à ce propos?

VII

Il y a constamment, lui dit-elle encore, des lions dans le village, qui se promènent sans gêne aucune. Moyennant qu'on ne fera pas attention à eux, ils ne font pas attention à nous.

Mais s'ils voient courir devant eux une jeune fille, ils ne veulent pas excuser son émoi. Non! aussitôt ils la dévorent.

C'est pourquoi ils se promènent constamment dans le village où ils n'ont rien à faire, car ils bâilleraient aussi bien ailleurs, n'est-ce pas évident?

VIII

Depuis longtemps, longtemps, lui confie-t-elle, nous sommes en débat avec la mer.

De très rares fois, bleue, douce, on la croirait contente. Mais cela ne saurait durer. Son odeur du reste le dit, une odeur de pourri (si ce n'était son amertume).

Ici, je devrais expliquer l'affaire des vagues. C'est follement compliqué, et la mer... Je vous prie, ayez confiance en moi. Est-ce que je voudrais vous tromper? Elle n'est pas qu'un mot. Elle n'est pas qu'une peur. Elle existe, je vous le jure; on la voit constamment.

Qui? mais nous, nous la voyons. Elle vient de très loin pour nous chicaner et nous effrayer.

Quand vous viendrez, vous la verrez vous-même,

vous serez tout étonné. « Tiens! » direz-vous, car elle stupéfie.

Nous la regarderons ensemble. Je suis sûre que je n'aurai plus peur. Dites-moi, cela n'arrivera-t-il jamais?

IX

Je ne peux pas vous laisser sur un doute, continue-t-elle, sur un manque de confiance. Je voudrais vous reparler de la mer. Mais il reste l'embarras. Les ruisseaux avancent; mais elle, non. Écoutez, ne vous fâchez pas, je vous le jure, je ne songe pas à vous tromper. Elle est comme ça. Pour fort qu'elle s'agite, elle s'arrête devant un peu de sable. C'est une grande embarrassée. Elle voudrait sûrement avancer, mais le fait est là.

Plus tard peut-être, un jour elle avancera.

X

« Nous sommes plus que jamais entourées de fourmis », dit sa lettre. Inquiètes, ventre à terre elles poussent des poussières. Elles ne s'intéressent pas à nous.

Pas une ne lève la tête.

C'est la société la plus fermée qui soit, quoiqu'elles se répandent constamment au-dehors. N'importe, leurs projets à réaliser, leurs préoccupations... elles sont entre elles... partout.

Et, jusqu'à présent, pas une n'a levé la tête sur nous. Elle se ferait plutôt écraser.

XI

Elle lui écrit encore :

« Vous n'imaginez pas tout ce qu'il y a dans le ciel, il faut l'avoir vu pour le croire. Ainsi, tenez, les... mais je ne vais pas vous dire leur nom tout de suite. »

Malgré des airs de peser très lourd et d'occuper presque tout le ciel, ils ne pèsent pas, tout grands qu'ils sont, autant qu'un enfant nouveau-né.

Nous les appelons des nuages.

Il est vrai qu'il en sort de l'eau, mais pas en les comprimant, ni en les triturant. Ce serait inutile, tant ils en ont peu.

Mais, à condition d'occuper des longueurs et des longueurs, des largeurs et des largeurs, des profondeurs aussi et des profondeurs et de faire les enflés, ils arrivent à la longue à laisser tomber quelques gouttelettes d'eau, oui, d'eau. Et on est bel et bien mouillé. On s'enfuit furieuses d'avoir été attrapées; car personne ne sait le moment où ils vont lâcher leurs gouttes; parfois ils demeurent des jours sans les lâcher. Et l'on resterait en vain chez soi à attendre.

XII

L'éducation des frissons n'est pas bien faite dans ce pays. Nous ignorons les vraies règles et quand l'événement apparaît, nous sommes prises au dépourvu.

C'est le Temps, bien sûr. (Est-il pareil chez vous?) Il faudrait arriver plus tôt que lui; vous voyez ce que je veux dire, rien qu'un tout petit peu avant. Vous connaissez l'histoire de la puce dans le tiroir? Oui, bien sûr. Et comme c'est vrai, n'est-ce pas! Je ne sais plus que dire. Quand allons-nous nous voir enfin?

VIEILLESSE

Soirs! Soirs! Que de soirs pour un seul matin!
Ilots épars, corps de fonte, croûtes!
On s'étend mille dans son lit, fatal déréglage!

Vieillesse, veilleuse, souvenirs : arènes de la mélancolie!
Inutiles agrès, lent déséchafaudage!
Ainsi, déjà, l'on nous congédie!
Poussé! Partir poussé!
Plomb de la descente, brume derrière...
Et le blême sillage de n'avoir pas pu Savoir.

LE GRAND VIOLON

Mon violon est un grand violon-girafe;
j'en joue à l'escalade,
bondissant dans ses râles,
au galop sur ses cordes sensibles et son ventre affamé aux désirs épais,
que personne jamais ne satisfera,
sur son grand cœur de bois enchagriné,
que personne jamais ne comprendra.
Mon violon-girafe, par nature, a la plainte basse et importante, façon tunnel,
l'air accablé et bondé de soi, comme l'ont les gros poissons gloutons des hautes profondeurs,
mais avec, au bout, un air de tête et d'espoir quand même,
d'envolée, de flèche, qui ne cédera jamais.
Rageur, m'engouffrant dans ses plaintes, dans un amas de tonnerres nasillards,
j'en emporte comme par surprise
tout à coup de tels accents de panique ou de bébé blessé, perçants, déchirants,
que moi-même, ensuite, je me retourne sur lui, inquiet, pris de remords, de désespoir,
et de je ne sais quoi, qui nous unit, tragique, et nous sépare.

MAIS TOI, QUAND VIENDRAS-TU ?

Mais, Toi, quand viendras-tu?
Un jour, étendant Ta main
sur le quartier où j'habite,
au moment mûr où je désespère vraiment;
dans une seconde de tonnerre,
m'arrachant avec terreur et souveraineté
de mon corps et du corps croûteux
de mes pensées-images, ridicule univers;
lâchant en moi Ton épouvantable sonde,
l'effroyable fraiseuse de Ta présence,
élevant en un instant sur ma diarrhée
Ta droite et insurmontable cathédrale;
me projetant non comme homme
mais comme obus dans la voie verticale,
TU VIENDRAS.

Tu viendras, si tu existes,
appâté par mon gâchis,
mon odieuse autonomie.
Sortant de l'Éther, de n'importe où, de dessous mon
moi bouleversé, peut-être;

jetant mon allumette dans Ta démesure,
et adieu, Michaux.

Ou bien, quoi?
Jamais? Non?
Dis, Gros lot, où veux-tu donc tomber?

PEINTURES

(1939)

TÊTES

> Quand je commence à étendre de la peinture sur la toile, il apparaît d'habitude une tête monstrueuse...

Devant moi, comme si elle n'était pas à moi...

Parfois supportée par d'infimes tiges qui n'ont jamais été un corps; nourrie d'elle-même, de mon immense chagrin plutôt, oui, oui, chagrin de je ne sais précisément quoi, mais auquel collabora une époque, non, trois époques déjà, et si mauvaises toutes, si riches en défaites, en drapeaux déchirés, en mesquineries, en idéaux de pacotille, en art de vivre pour bétail, si exaspérantes, si exaspérées, et si, et si, et si...

C'est pour tous ces « si » que sont sorties ces têtes qui n'en font qu'une, une seule qui brait de rage ou qui, morne et gelée, considère le destin.

Devant moi comme si elles n'étaient pas à moi...

Sorties de l'obsession, de l'abdomen de la mémoire, de mon tréfonds, du tréfonds d'une enfance qui n'a pas eu son compte et que trois siècles de vie maintenant ne rassasieraient pas, tant il en faudrait, tant il en faudrait.

Nées les jours de pluie et sous les plafonds bas et du piétinement des besognes à faire qui ne seront jamais faites, et du pressentiment d'un avenir d'emmerdeurs qui approche et de minus habens têtus.

Venues des organes mal endormis d'un corps chargé de poison, de faim, de torpeur, de reliquats et des artères en tuyau de pipe de mes ancêtres.

Cabossées par l'amertume et les coups de l'humiliation, ou misérable fanal de ma volonté d'opposition.

Devant moi, non à moi peut-être...

Arrivant de loin, S. O. S. lancés dans l'espace par des milliers de malheureux en détresse, hurlant, geignant, criant désespérément vers nous tous tellement sourds; formant sans profit la grande famille des souffrants.

Devant moi, sans le savoir...

Portées sans trêve par les vagues infimes du vivant rayonnement des êtres qui se débattent. Leurs peines, leurs grimaces, leurs angoisses aussitôt, partout télévisées...

Devant moi...

Abordant tumultueusement dans ma chambre solitaire.

Devant moi, en grand silence, qui peine ou m'épouvante et lutte sourdement pour mon autonomie.

CLOWN

Un jour.

Un jour, bientôt peut-être.

Un jour j'arracherai l'ancre qui tient mon navire loin des mers.

Avec la sorte de courage qu'il faut pour être rien et rien que rien, je lâcherai ce qui paraissait m'être indissolublement proche.

Je le trancherai, je le renverserai, je le romprai, je le ferai dégringoler.

D'un coup dégorgeant ma misérable pudeur, mes misérables combinaisons et enchaînements « de fil en aiguille ».

Vidé de l'abcès d'être quelqu'un, je boirai à nouveau l'espace nourricier.

A coups de ridicules, de déchéances (qu'est-ce que la déchéance?), par éclatement, par vide, par une totale dissipation-dérision-purgation, j'expulserai de moi la forme qu'on croyait si bien attachée, composée, coordonnée, assortie à mon entourage et à mes semblables, si dignes, si dignes, mes semblables.

Réduit à une humilité de catastrophe, à un nivellement parfait comme après une intense trouille.

Ramené au-dessous de toute mesure à mon rang réel, au rang infime que je ne sais quelle idée-ambition m'avait fait déserter.

Anéanti quant à la hauteur, quant à l'estime.

Perdu en un endroit lointain (ou même pas), sans nom, sans identité.

CLOWN, abattant dans la risée, dans le grotesque, dans l'esclaffement, le sens que contre toute lumière je m'étais fait de mon importance.

Je plongerai.

Sans bourse dans l'infini-esprit sous-jacent ouvert
à tous,
ouvert moi-même à une nouvelle et incroyable rosée
à force d'être nul
et ras...
et risible...

PAYSAGES

Paysages paisibles ou désolés.

Paysages de la route de la vie plutôt que de la surface de la Terre.

Paysages du Temps qui coule lentement, presque immobile et parfois comme en arrière.

Paysages des lambeaux, des nerfs lacérés, des « saudades ».

Paysages pour couvrir les plaies, l'acier, l'éclat, le mal, l'époque, la corde au cou, la mobilisation.

Paysages pour abolir les cris.

Paysages comme on se tire un drap sur la tête.

DRAGON

Un dragon est sorti de moi. Cent queues de flammes et de nerfs il sortit.

Quel effort je fis pour le contraindre à s'élever, le fouettant par-dessus moi! Le bas était prison d'acier où j'étais enfermé. Mais je m'obstinai et soutins fureur et les tôles de l'implacable geôle finirent par se disjoindre petit à petit, forcées par l'impétueux mouvement giratoire.

C'était parce que tout allait si mal, c'était en septembre (1938), c'était le mardi, c'était pour ça que j'étais obligé pour vivre de prendre cette forme si étrange. Ainsi donc je livrai bataille pour moi seul, quand l'Europe hésitait encore, et partis comme dragon, contre les forces mauvaises, contre les paralysies sans nombre qui montaient des événements, pardessus la voix de l'océan des médiocres, dont la gigantesque importance se démasquait soudain à nouveau vertigineusement.

AU PAYS DE LA MAGIE

(1941)

AU PAYS DE LA MAGIE

On voit la cage, on entend voleter. On perçoit le bruit indiscutable du bec s'aiguisant contre les barreaux. Mais d'oiseaux, point.

C'est dans une de ces cages vides que j'entendis la plus intense criaillerie de perruches de ma vie. On n'en voyait, bien entendu, aucune.

Mais quel bruit! Comme si dans cette cage s'en étaient trouvé trois, quatre douzaines :

« ... Est-ce qu'elles ne sont pas à l'étroit dans cette petite cage? » demandai-je machinalement, mais ajoutant à ma question, à mesure que je me l'entendais prononcer, une nuance moqueuse.

« Si..., me répondit son Maître fermement, c'est pourquoi elles jacassent tellement. Elles voudraient plus de place. »

◇

Marcher sur les deux rives d'une rivière est un exercice pénible.

Assez souvent l'on voit ainsi un homme (étudiant en magie) remonter un fleuve, marchant sur l'une et l'autre rive à la fois : fort préoccupé, il ne vous voit pas. Car ce qu'il réalise est délicat et ne souffre aucune distraction. Il se retrouverait bien vite, seul, sur une rive, et quelle honte alors!

◇

Vous voyez souvent, dans le soir, des feux dans la campagne. Ces feux ne sont pas des feux. Ils ne brûlent rien du tout. A peine, et encore en faudrait-il un de terriblement ardent, à peine un fil de la vierge passant en plein centre serait-il consumé.

En effet, ces feux sont sans chaleur.

Mais ils ont un éclat dont rien n'approche dans la nature (inférieur cependant à celui de l'arc électrique).

Ces embrasements charment et effraient, sans aucun danger d'ailleurs, et le feu cesse aussi brusquement qu'il était apparu.

◇

J'ai vu l'eau qui se retient de couler. Si l'eau est bien habituée, si c'est votre eau, elle ne se répand pas, quand même la carafe se casserait en quatre morceaux.

Simplement, elle attend qu'on lui en mette une autre. Elle ne cherche pas à se répandre au-dehors.

Est-ce la force du Mage qui agit?

Oui et non, apparemment non, le Mage pouvant n'être pas au courant de la rupture de la carafe et du mal que se donne l'eau pour se maintenir sur place.

Mais il ne doit pas faire attendre l'eau pendant trop de temps, car cette attitude lui est inconfortable et pénible à garder et, sans exactement se perdre, elle pourrait s'étaler pas mal.

Naturellement, il faut que ce soit votre eau et pas une eau d'il y a cinq minutes, une eau qu'on vient précisément de renouveler. Celle-là s'écoulerait tout de suite. Qu'est-ce qui la retiendrait?

◇

Quelqu'un parle. Tout à coup le voilà pris d'un éternuement irrépressible, éclatant, que rien ne laissait prévoir. Les Auditeurs comprennent : « On lui a pincé la corde », pensent-ils, et ils s'éloignent en riant. Ces rappels intérieurs, infligés par les Mages, vont jusqu'au spasme, à la contracture, à l'angine de poitrine.

Ils appellent ça « *pincer la corde* ». On dit aussi, sans plus d'explications : « On la lui a fort pincée. »

On a vu des gens à l'agonie à qui il ne manquait rien, sauf qu'on « LA » leur pinçait sérieusement.

◇

Les Mages aiment l'obscurité. Les débutants en ont un besoin absolu. Ils se font la main, si je puis dire, dans les bahuts, les penderies, les armoires à linge, les coffres, les caves, les greniers, les cages d'escaliers.

Pas de jour chez moi qu'il ne sortît du placard quelque chose d'insolite, soit un crapaud, soit un rat, sentant d'ailleurs la maladresse et qui s'évanouissait sur place sans pouvoir détaler.

On y trouvait jusqu'à des pendus, de faux bien entendu, qui n'avaient même pas la corde de vraie.

Qui peut soutenir qu'on s'y fasse, à la longue? Une appréhension me retenait toujours un instant, la main indécise sur la poignée.

Un jour, une tête ensanglantée roula sur mon veston tout neuf, sans d'ailleurs lui faire une tache.

Après un moment — infect — à ne jamais en revivre un pareil, — je refermai la porte.

Il fallait que ce fût un novice, ce Mage, pour n'avoir pas pu faire une tache sur un veston si clair.

Mais la tête, son poids, son allure générale, avait été bien imitée. Je la sentais déjà avec une épouvante écœurée me tomber dessus quand elle disparut.

◇

L'enfant, l'enfant du chef, l'enfant du malade, l'enfant du laboureur, l'enfant du sot, l'enfant du Mage, l'enfant naît avec vingt-deux plis. Il s'agit de les déplier. La vie de l'homme alors est complète. Sous cette forme il meurt. Il ne lui reste aucun pli à défaire.

Rarement un homme meurt sans avoir encore quelques plis à défaire. Mais c'est arrivé. Parallèlement à cette opération l'homme forme un noyau. Les races inférieures, comme la race blanche, voient plus le noyau que le dépli. Le Mage voit plutôt le dépli.

Le dépli seul est important. Le reste n'est qu'épiphénomène.

◇

Le bossu? Un malheureux, inconsciemment obsédé de paternité (assez porté sur la chose, comme on sait, mais c'est la paternité qui le démange le plus, prétendent-ils).

Pour le soulager, on lui sort de sa bosse un autre bossu, un tout petit.

Étrange tête-à-tête, quand ils se regardent pour la première fois, le vieux soulagé, l'autre déjà amer et chargé de l'accablement de l'infirme.

Les bossus qu'on leur sort ne sont pas de vrais bossus, inutile de le dire, ni de vrais petits, ni de vrais vivants. Ils disparaissent après quelques jours, sans laisser de traces.

Mais le bossu s'est redressé et ce n'est pas le moindre miracle.

D'ailleurs, le choc est indispensable. Le choc premièrement importe; la galvanisation de l'individu, qui d'abord en est tout tremblant.

Au contraire, si le bossu regarde avec indifférence le petit être sorti de sa bosse, l'effort est perdu.

Vous pouvez lui en sortir deux douzaines que ce serait sans aucun résultat, sans la moindre amélioration pour lui.

Que dire? C'est là un vrai, un parfait bossu.

◇

Tout à coup on se sent touché. Cependant rien de bien visible contre soi, surtout si le jour n'est plus parfaitement clair, en fin d'après-midi (heure où *elles* sortent).

On est mal à l'aise. On va pour refermer portes et fenêtres. Il semble alors qu'un être véritablement dans l'air, comme la Méduse est dans l'eau et faite d'eau à la fois, transparent, massif, élastique, tente de repasser par la fenêtre qui résiste à votre poussée. Une méduse d'air est entrée!

On tente de s'expliquer naturellement la chose. Mais l'insupportable impression augmente affreusement, l'on sort en criant « Mja! » et l'on se jette en courant dans la rue.

◇

Quoiqu'ils sachent parfaitement que les étoiles sont autre chose que des lumières considérables sur l'apparence du ciel, ils ne peuvent s'empêcher de faire des semblants d'étoiles pour plaire à leurs enfants, pour se plaire à eux-mêmes, un peu par exercice, par spontanéité magique.

Celui qui n'a qu'une petite cour lui fait un plafond fourmillant d'étoiles qui est la chose la plus belle que j'aie vue. Cette pauvre cour, entourée de murs fatigués au point de paraître plaintifs, sous ce ciel personnel, étincelant, grondant d'étoiles, quel spectacle! J'ai souvent réfléchi et tenté de calculer à quelle hauteur pouvaient bien se trouver ces étoiles; sans y arriver, car si quelques voisins en profitent, leur nombre est peu considérable et ils les voient assez floues. Par contre, elles ne passent jamais *sous* un nuage.

Toutefois, j'ai remarqué qu'on prenait grand soin

de leur éviter les environs de la lune, par crainte sans doute de les faire passer devant par distraction.

Il paraît que plus que toute autre manifestation de force magique, celle-ci excite l'envie et les désirs. Les voisins luttent, luttent hargneusement, essaient de souffler les étoiles d'à côté. Et des vengeances sans fin s'ensuivent.

◇

Parmi les personnes exerçant de petits métiers, entre le poseur de torches, le charmeur de goitres, l'effaceur de bruits, se distingue par son charme personnel et celui de son occupation, le Berger d'eau.

Le Berger d'eau siffle une source et la voilà qui, se dégageant de son lit, s'avance en le suivant. Elle le suit, grossissant au passage d'autres eaux.

Parfois il préfère garder le ruisselet tel quel, de petites dimensions, ne collectant par-ci par-là que ce qu'il faut pour ne pas qu'il s'éteigne, prenant garde surtout lorsqu'il passe par un terrain sablonneux.

J'ai vu un de ces bergers — je collais à lui, fasciné — qui, avec un petit ruisseau de rien, avec un filet d'eau large comme une botte, se donna la satisfaction de franchir un grand fleuve sombre. Les eaux ne se mélangeant pas, il rattrapa son petit ruisseau intact sur l'autre rive.

Tour de force que ne réussit pas le premier ruisseleur venu. En un instant les eaux se mêleraient et il pourrait aller chercher ailleurs une nouvelle source.

De toutes façons, une queue de ruisseau forcément disparaît, mais il en reste assez pour baigner un verger ou emplir un fossé vide.

Qu'il ne tarde point, car fort affaiblie elle est prête à s'ébattre. C'est une eau « passée ».

◇

Si l'on pouvait, disent-ils, débarrasser des eaux tous les poissons-aiguilles, le bain serait une chose si ineffablement délicieuse qu'il est bon même de n'y pas songer, car cela ne sera jamais, jamais.

Pourtant ils essaient. Ils usent, dans ce but, d'une canne à pêche.

La canne à pêche pour la pêche du poisson-aiguille doit être fine, fine, fine. Le fil doit être absolument invisible et descendre lentement, imperceptiblement dans l'eau.

Malheureusement, le poisson-aiguille lui-même est à peu près complètement invisible.

◇

Une de leurs épreuves types : le fagot de serpents. Il donne droit au béret de deuxième degré. Le candidat à l'obtention du deuxième béret magique doit aller chercher le serpent. Tout serpent est réputé convenable. Aucun ne doit être rejeté. Il en est de venimeux, il en est qui ne peuvent s'entre-souffrir. Il en est de petits et de grands. Dois-je rappeler qu'ils sont glissants, qu'ils tendent à s'enrouler sur eux-mêmes (défendu!) et les uns aux autres (défendu!).

Un bon fagot bien ferme, attaché par trois brins

de ficelle ou d'osier, voilà ce qu'il doit rapporter.

Telles sont les difficultés pour l'obtention du béret du deuxième degré. Sans une emprise sur les serpents, pas de magie. Si le candidat est reçu, on lui renvoie le double de sa tête formé par magie. Sinon, c'est un melon.

◇

Là les malfaiteurs, pris en flagrant délit, ont le visage arraché sur-le-champ. Le Mage bourreau aussitôt arrive.

Il faut une incroyable force de volonté pour sortir un visage, habitué comme il est à son homme.

Petit à petit, la figure lâche, vient.

Le bourreau redouble d'efforts, s'arc-boute, respire puissamment.

Enfin, il l'arrache.

L'opération étant bien faite, l'ensemble se détache, front, yeux, joues, tout le devant de la tête comme nettoyé par je ne sais quelle corrosive éponge.

Un sang dru et sombre sourd des pores partout généreusement ouverts.

Le lendemain, un énorme, rond caillot croûteux s'est formé, qui ne peut inspirer que l'épouvante.

Qui en a vu un se le rappelle à tout jamais. Il a ses cauchemars pour se le rappeler.

Si l'opération n'est pas bien faite, le malfaiteur étant particulièrement robuste, on n'arrive à lui arracher que le nez et les yeux. C'est déjà un résultat, l'arrachage étant purement magique, les doigts du bourreau ne pouvant en effet toucher ni seulement effleurer la figure à retirer.

◇

Mis au centre d'arènes parfaitement vides, le prévenu est questionné. Par voie occulte. Dans un profond silence, mais puissamment pour lui, la question résonne.

Répercutée par les gradins, elle rebondit, revient, retombe et se rabat sur sa tête comme ville qui s'écroule.

Sous ces ondes pressantes, comparables seulement à des catastrophes successives, il perd toute résistance et confesse son crime. Il ne peut pas ne pas avouer.

Assourdi, devenu une loque, la tête douloureuse et sonnante, avec la sensation d'avoir eu affaire à dix mille accusateurs, il quitte les arènes, où ne cessa de régner le plus absolu silence.

◇

Ce n'est pas chez eux que l'on rencontrerait des Néron, des Gilles de Rais. Le temps de se former leur aurait manqué.

Il y a un conseil permanent, chargé de détecter l'éveil des forces dangereuses.

Une enquête est menée. Elle peut aller jusqu'à la cérémonie de l'*Horoscope par les astres disparus*.

Cet horoscope est presque toujours défavorable. Vient donc le coup de frein (occulte).

L'Homme tombe. Ne sachant ce qui lui arrive, serrant tantôt sa tête, tantôt son ventre, son bas-ventre, ses cuisses ou ses épaules, il hurle, il se désespère, il est au comble de la détresse : *on vient de le prendre à lui-même.*

Angoisse indescriptible; intolérable aussi. Le suicide est habituel dans les trois heures qui suivent.

◇

Saignant sur le mur, vivante, rouge ou à demi infectée, c'est la plaie d'un homme; d'un Mage qui l'a mise là. Pourquoi? Par ascèse, pour en mieux souffrir; car, sur soi, il ne pourrait s'empêcher de la guérir grâce à son pouvoir thaumaturgique, naturel en lui, au point d'être totalement inconscient. Mais, de la sorte, il la garde longtemps sans qu'elle se ferme. Ce procédé est courant.

Étranges plaies qu'on rencontre avec gêne et nausée, souffrant sur des murs déserts...

◇

Le poseur de deuil vient à l'annonce de la mort, assombrit et attriste tout, comme le veut son métier, de taches et de cendres magiques. Tout prend un aspect vermineux, pouilleux, d'une désolation infinie, si bien qu'au spectacle laissé après son départ, les parents et les amis ne peuvent que pleurer, envahis d'une tristesse et d'un désespoir sans nom.

Cette sage mesure a été adoptée et le métier créé afin que l'endeuillement soit vraiment irrésistible, et que les proches n'aient pas à se forcer pour paraître affligés. Ils le sont, ils le sont extrêmement au point que s'exhortent entre eux les sans-cœur : « Ce ne sont que deux jours à passer, disent-ils, prenons courage, cela ne durera pas. »

En effet, deux jours plus tard, on rappelle le poseur de deuil qui enlève par son charme l'horreur et la désespérance que ses obligations l'avaient conduit à distribuer, et la famille soulagée reprend un air naturel.

◇

Les trois marées diurnes du corps humain constituent le secret de leur civilisation, leur maître-trésor.

« En cela, disent-ils, nous sommes les seuls à avoir dépassé l'animalité. » De quoi en effet découlent magie, réduction et quasi-disparition du sommeil, voyance, condensation de forces psychiques, de manière qu'ils ne sont plus à la merci de fatigues, blessures et autres accidents, qui prennent régulièrement les autre hommes au dépourvu.

Ces marées étant leur secret, j'en parlerai peu.

La première marée est de loin la plus importante, la plus complexe, comme étant préformée par la nuit. Ensuite, vient la troisième qui est la plus haute. De la deuxième, je sais seulement ce qu'on en dit constamment, savoir : « Apportez, quand elle emporte; emportez, quand elle apporte. »

La nuit, contrairement à ce que je croyais, est plus multiple que le jour et se trouve sous le signe des *rivières souterraines*.

◇

Un plafond, un toit, pour eux, c'est surtout une affaire de décision. Un jour, pendant une forte pluie, une de ces formidables décongestions atmosphériques, comme on n'en trouve que là et dans les tropiques, je vis dans un champ, près de la route, un homme, assis, en plein air, au sec, tandis que la pluie crépitant sans raison apparente à un mètre au-dessus de lui allait s'écouler un peu plus loin; exactement comme s'il y avait eu un abri solide, alors qu'il n'y en avait pas l'ombre.

Je ne voulus pas le distraire et passai mon chemin. Quoique je le connusse je ne soufflai mot, lui non plus. Pas davantage dans la suite. Et, si je ne me trompe, on m'eut en plus grande estime depuis ce jour. Mes éternelles questions les ennuyaient beaucoup parfois.

◇

En général ils vivent en paix avec les animaux, les lions même ne se préoccupent pas d'eux le moins du monde. Il arrive cependant que, rendus furieux pour quelque raison, par faim, ils s'emparent d'un homme. On peut bien croire qu'un Mage ne se laisse pas faire par un simple lion, mais un faible garçon peut être surpris. Ce qu'il fait alors, ne pouvant se défendre? Il s'identifie avec le lion. A travers sa faiblesse, il est possédé d'une joie tellement forte, d'un plaisir de dévoration si exorbitant, qu'un adolescent qu'on avait retiré de la gueule du lion se mit à pleurer.

« Pourquoi m'avez-vous retiré du comble du bonheur, dit-il à ses sauveurs, alors que j'étais occupé à dévorer un misérable... », car il se croyait toujours lion; mais observant qu'il parlait, et à qui, il s'aperçut de son erreur et se tut, gêné.

Mais on le comprenait, on l'excusait. Cette joie est si formidable, dont on l'avait frustré, joie qui s'arrête à peine au seuil de la mort.

◇

Les mauvais ménages constituent un danger magique et l'on a vu toutes les habitations d'un village tomber en poudre, consumées par la violence des sentiments hostiles d'un mari pour sa femme, sentiments qu'il essayait peut-être lui-même de se dissimuler jusque-là, quand le village s'écroulant en poussière, il dut se rendre à l'évidence.

◇

Le Mage Ani prétend pouvoir prélever le pshi... de la femme qu'il recherche (le pshi n'est pas le double) l'attirer à lui. D'un pshi on peut se passer quelque temps; elle ne s'aperçoit pas d'abord de la perte, mais ensuite il caresse le pshi, et petit à petit, quoique sans rien sentir que de vague, la femme approche de l'endroit où se trouve déjà son pshi. Et plus elle avance, mieux elle se sent, jusqu'à ce qu'elle coïncide sans le savoir avec lui. Et sur ces entrefaites, l'amour de l'homme est déjà en elle.

◇

En ouvrant un œuf à la coque j'y trouve une mouche.

Du tiède jaune de l'œuf non coagulé, elle sortit, frotta ses ailes avec peine et s'envola lourdement.

Quelqu'un avait dû me faire cette plaisanterie. Dois-je en faire mention ici? Est-ce digne du nom de Magie?

✧

Je vis, un jour, un lézard au bord d'un champ qu'il traversait avec peine. Gros comme le bras, il laissa une ornière de près d'un demi-mètre de profondeur, comme s'il avait pesé non quelques livres, mais au moins une tonne.

Je m'étonnai. « Ils sont au moins une cinquantaine là-dedans », me dit mon compagnon. « Une cinquantaine de quoi? De lézards? — Non, fit-il, d'hommes, et je voudrais bien savoir lesquels », et vite il courut chez les voisins s'enquérir des absents. Qui? Cela seul l'intriguait et jamais je n'en pus savoir davantage. Par quelle magie et dans quel but invraisemblable des gens se fourraient-ils ainsi à l'étroit dans ce tout petit corps de lézard, voilà quel était le sujet de mon étonnement, qui ne lui parut mériter ni une question, ni une réponse.

✧

Les K... ridiculisent les E..., leurs voisins, en les faisant bâiller, bâiller souvent, souvent, à tout propos, bâiller irrésistiblement.

Petite vengeance d'un affront subi il y a longtemps, affaire, dont comme d'habitude on ne connaît même plus le début.

Mais les K..., rancuniers, n'ayant jamais pardonné aux E..., les font bâiller!

Ce n'est pas bien méchant. Mais qui aime porter le ridicule?

Ces incessants bâillements dont ils ne peuvent se défendre et qui trahissent de façon flagrante et honteusement banale leur infériorité en pouvoir magique, les rend tristes, de plus en plus tristes. Ils n'arrivent pas à prendre le bâillement du bon côté.

Leur honneur, pensent-ils, est là engagé.

◇

Punition des voleurs, leurs bras durcissent, ne peuvent plus être contractés, ni tournés, ni pliés. Et plus durcissent, et plus durcissent et chair durcit, muscle durcit, artères et veines et le sang durcit. Et durci, le bras sèche, sèche, bras de momie, bras étranger.

Mais il reste attaché. Vingt-quatre heures suffisent et le voleur insoupçonné, croit-il, et savourant l'impunité, sent tout à coup son bras sécher. Déchirante désillusion.

Les bras d'argent sont les bras d'une princesse royale qui vécut il y a des siècles, du nom de Hanamuna.

Elle avait dû voler. Malgré son sang royal elle ne put échapper au châtiment des Mages.

En l'espace peut-être d'une heure de sommeil, ses bras durcirent. En rêve, dit-on, elle se vit des avant-bras d'argent. Elle se réveilla, et avec horreur, les vit au bout de ses bras. Vision atroce. On montre encore son corps embaumé, ses petits avant-bras d'argent au bout. Je les ai vus.

◇

« Vous voyez, nous ne pouvons plus nous en approcher : il agite ce fléau autour de lui dès qu'il entend un pas approcher. Il casserait la tête à l'importun qui ouvrirait la cage et serait à sa portée. Voilà plus de quatre ans que cela dure. Un autre se fatiguerait. Lui, non, il est fou. Ce fléau à battre le blé vous a dans les trente kilos; ajoutez la force dont il l'anime...

— Mais je ne vois pas de fléau, m'écriai-je, il ne l'a pas en ce moment, faites vite, emparez-vous de lui...

— Ce fléau est magique. »

J'étais un peu sceptique et m'approchai. A ce moment le fou lança contre moi un coup formidable, arrêté seulement par les barreaux de la cage qui tremblèrent et retentirent comme frappés par une masse d'arme.

Je compris que certains fous, là-bas, n'en gardaient pas moins leur puissance magique. Cela, il faut le dire, m'étonne encore et peut-être étonnera aussi quelques Messieurs qui se croient au courant de la Folie.

◇

Une journée en soi existe et la précédente existe et celle qui précède la précédente, et celle d'avant... et elles sont bien agglutinées, des dizaines ensemble, des trentaines, des années entières, et on n'arrive pas à vivre, *soi*, mais seulement à vivre *la vie*, et l'on est tout étonné.

L'homme du pays de la Magie sait bien cela. Il sait que la journée existe et très forte, très soudée, et qu'il doit faire ce *que la journée ne tient pas à faire.*

Il cherche donc à sortir sa journée du mois. C'est l'attraper qui est difficile. Et ce n'est pas le matin qu'on y arriverait. Mais vers deux heures de l'après-midi, il commence à la faire bouger, vers deux heures, elle bascule, elle bascule; là il faut être tout à son affaire, peser, tenir, lâcher, décharger, convoyer par-dessus.

Enfin, il la *détourne*, la *chevauche*. Il s'en rend maître. Et vite à l'important, vite, obligé qu'il sera — hélas! — à abandonner la journée à l'enclenchement des suivantes, au plus tard vers minuit. Mais que faire? C'est là le tribut à l'existence animale.

◇

Qui donc voulait sa perte?

L'homme à demi tourné vers moi était debout sur un talus. Il tomba.

Quoiqu'il ne fît guère que tomber du haut de sa taille, son corps arrivé à terre se trouva entièrement écrasé. Davantage : moulu, en bouillie, comme s'il avait été projeté du haut d'une grande falaise de quatre cents mètres, tandis qu'il avait seulement, dans sa chute, roulé d'un insignifiant petit talus.

ÉPREUVES, EXORCISMES (1940-1944)

(1945)

EXORCISMES [1]

Il serait bien extraordinaire que, des milliers d'événements qui surviennent chaque année, résultât une harmonie parfaite. Il y en a toujours qui ne passent pas, et qu'on garde en soi, blessants.

Une des choses à faire : l'exorcisme.

Toute situation est dépendance et centaines de dépendances. Il serait inouï qu'il en résultât une satisfaction sans ombre ou qu'un homme pût, si actif fût-il, les combattre toutes efficacement, dans la réalité.

Une des choses à faire : l'exorcisme.

L'exorcisme, réaction en force, en attaque de bélier, est le véritable poème du prisonnier.

Dans le lieu même de la souffrance et de l'idée fixe, on introduit une exaltation telle, une si magnifique violence, unies au martèlement des mots, que le mal progressivement dissous est remplacé par une boule aérienne et démoniaque — état merveilleux!

Nombre de poèmes contemporains, poèmes de délivrance, sont aussi un effet de l'exorcisme, mais d'un

1. Préface à *Épreuves, Exorcismes* (1940-1944).

exorcisme par ruse. Par ruse de la nature subconsciente qui se défend par une élaboration imaginaire appropriée : Rêves. Par ruse concertée ou tâtonnante, cherchant son point d'application optimus : Rêves éveillés.

Pas seulement les rêves mais une infinité de pensées sont « pour en sortir », et même des systèmes de philosophie furent surtout exorcisants qui se croyaient tout autre chose.

Effet libérateur pareil, mais nature parfaitement différente.

Rien là de cet élan en flèche, fougueux et comme supra-humain de l'exorcisme. Rien de cette sorte de tourelle de bombardement qui se forme à ces moments où l'objet à refouler, rendu comme électriquement présent, est magiquement combattu.

Cette montée verticale et explosive est un des grands moments de l'existence. On ne saurait assez en conseiller l'exercice à ceux qui vivent malgré eux en dépendance malheureuse. Mais la mise en marche du moteur est difficile, le presque-désespoir seul y arrive.

Pour qui l'a compris, les poèmes du début de ce livre ne sont point précisément faits en haine de ceci, ou de cela, mais pour se délivrer d'emprises.

La plupart des textes qui suivent sont en quelque sorte des exorcismes par ruse. Leur raison d'être : tenir en échec les puissances environnantes du monde hostile.

ECCE HOMO

A Madame Mayrisch Saint-Hubert.

Qu'as-tu fait de ta vie, pitance de roi?

J'ai vu l'homme.

Je n'ai pas vu l'homme comme la mouette, vague au ventre, qui file rapide sur la mer indéfinie.

J'ai vu l'homme à la torche faible, ployé et qui cherchait. Il avait le sérieux de la puce qui saute, mais son saut était rare et réglementé.

Sa cathédrale avait la flèche molle. Il était préoccupé.

Je n'ai pas entendu l'homme, les yeux humides de piété, dire au serpent qui le pique mortellement : « Puisses-tu renaître homme et lire les Védas! » Mais j'ai entendu l'homme comme un char lourd sur sa lancée écrasant mourants et morts, et il ne se retournait pas.

Son nez était relevé comme la proue des embarcations Vikings, mais il ne regardait pas le ciel, demeure des dieux; il regardait le ciel suspect, d'où pouvaient sortir à tout instant des machines implacables, porteuses de bombes puissantes.

Il avait plus de cerne que d'yeux, plus de barbe que de peau, plus de boue que de capote, mais son casque était toujours dur.

Sa guerre était grande, avait des avants et des arrières, avait des avants et des après. Vite partait l'homme, vite partait l'obus. L'obus n'a pas de chez soi. Il est pressé, quand même.

Je n'ai pas vu paisible, l'homme au fabuleux trésor de chaque soir pouvoir s'endormir dans le sein de sa fatigue amie.

Je l'ai vu agité et sourcilleux. Sa façade de rires et de nerfs était grande, mais elle mentait. Son ornière était tortueuse. Ses soucis étaient ses vrais enfants.

Depuis longtemps le soleil ne tournait plus autour de la Terre. Tout le contraire.

Puis il lui avait encore fallu descendre du singe.

Il continuait à s'agiter comme fait une flamme brûlante, mais le torse du froid, il était là sous sa peau.

Je n'ai pas vu l'homme comptant pour homme. J'ai vu « Ici, l'on brise les hommes ». Ici, on les brise, là on les coiffe et toujours il sert. Piétiné comme une route, il sert.

Je n'ai pas vu l'homme recueilli, méditant sur son être admirable. Mais j'ai vu l'homme recueilli comme un crocodile qui, de ses yeux de glace, regarde venir sa proie et, en effet, il l'attendait bien protégé au bout d'un fusil long. Cependant, les obus tombant autour de lui étaient encore beaucoup mieux protégés. Ils avaient une coiffe à leur bout qui avait été spécialement étudiée pour sa dureté, pour sa dureté implacable.

Je n'ai pas vu l'homme répandant autour de lui l'heureuse conscience de la vie. Mais j'ai vu l'homme comme un bon bimoteur de combat répandant la terreur et les maux atroces.

Il avait, quand je le connus, à peu près cent mille ans et faisait aisément le tour de la Terre. Il n'avait pas encore appris à être bon voisin.

Il courait parmi eux des vérités locales, des vérités nationales. Mais l'homme vrai, je ne l'ai pas rencontré.

Toutefois, excellent en réflexes et en somme presque innocent : l'un allume une cigarette, l'autre allume un pétrolier.

Je n'ai pas vu l'homme circulant dans la plaine et les plateaux de son être intérieur, mais je l'ai vu faisant travailler des atomes et de la vapeur d'eau, bombardant des morceaux d'atomes qui n'existaient peut-être même pas, regardant avec des lunettes son estomac, sa vessie, les os de son corps et se cherchant en petits morceaux, en réflexes de chien.

Je n'ai pas entendu le chant de l'homme, le chant de la contemplation des mondes, le chant de la sphère, le chant de l'immensité, le chant de l'éternelle attente.

Mais j'ai entendu son chant comme une dérision, comme un spasme. J'ai entendu sa voix comme un commandement, semblable à celle du tigre, lequel se charge en personne de son ravitaillement et s'y met tout entier.

J'ai vu les visages de l'homme. Je n'ai pas vu le visage de l'homme comme un mur blanc qui fait lever les ombres de la pensée, comme une boule de cristal qui délivre des passages de l'avenir, mais comme une image qui fait peur et inspire la méfiance.

J'ai vu la femme, couveuse d'épines, la femme monotone à l'ennui facile, avec la glande d'un organe honteux faisant la douceur de ses yeux. Les ornements dont elle se couvrait, qu'elle aimait tant, disaient : « Moi. Moi. Moi. » C'était donc bien lui, lui, toujours l'homme, l'homme gonflé de soi, mais pourtant embarrassé et qui veut se parfaire et qui tâtonne, essayant de souder son clair et son obscur.

Avec de plus longs cheveux et des façons de liane, c'était toujours le même à la pente funeste, l'homme empiétant qui médite de peser sur votre destin.

J'ai vu l'époque, l'époque tumultueuse et mauvaise travaillée par les hormones de la haine et les pulsions de la domination, l'époque destinée à devenir fameuse, à devenir l'Histoire, qui s'y chamarrerait de l'envers de nos misères; mais c'était toujours lui, ça tapait toujours sur le même clou. Des millions de son espèce vouée au malheur entraient en indignation au même moment et se sentaient avoir raison avec violence, prêts à soulever le monde, mais c'était pour le soulever sur les épaules brisées d'autres hommes.

La guerre! L'homme, toujours lui, l'homme à la tête de chiffres et de supputations sentant la voûte de sa vie d'adulte sans issue et qui veut se donner un peu d'air, qui veut donner un peu de jeu à ses mouvements étroits, et voulant se dégager, davantage se coince.

La Science, l'homme encore, c'était signé. La science aime les pigeons décérébrés, les machines nettes et tristes, nettes et tristes comme un thermocautère sectionnant un viscère cependant que le malade écrasé d'éther gît dans un fond lointain et indifférent.

Et c'étaient les philosophies de l'animal le moins philosophe du monde, des ies et des ismes ensevelissant de jeunes corps dans de vieilles draperies, mais quelque chose d'alerte aussi et c'était l'homme nouveau, l'homme insatisfait, à la pensée caféinée, infatigablement espérant qui tendait les bras. (Vers quoi les bras ne peuvent-ils se tendre?)

Et c'était la paix, la paix assurément, un jour, bientôt, la paix comme il y en eut déjà des millions, une paix d'hommes, une paix qui n'obturerait rien.

Voici que la paix s'avance semblable à un basset pleurétique et l'homme plancton, l'homme plus nombreux que jamais, l'homme un instant excédé, qui attend toujours et voudrait un peu de lumière...

LA LETTRE

Je vous écris d'un pays autrefois clair. Je vous écris du pays du manteau et de l'ombre. Nous vivons depuis des années, nous vivons sur la Tour du pavillon en berne. Oh! Été. Été empoisonné! Et depuis toujours le même jour, le jour au souvenir incrusté...

Le poisson pêché pense à l'eau tant qu'il le peut. Tant qu'il le peut, n'est-ce pas naturel? Au sommet d'une pente de montagne, on reçoit un coup de pique. C'est ensuite toute une vie qui change. Un instant enfonce la porte du Temple.

Nous nous consultons. Nous ne savons plus. Nous n'en savons pas plus l'un que l'autre. Celui-ci est affolé. Celui-là confondu. Tous sont désemparés. Le calme n'est plus. La sagesse ne dure pas le temps d'une inspiration. Dites-moi. Qui ayant reçu trois flèches dans la joue se présentera d'un air dégagé?

La mort prit les uns. La prison, l'exil, la faim, la misère prirent les autres. De grands sabres de frisson nous ont traversés, l'abject et le sournois ensuite nous ont traversés.

Qui sur notre sol reçoit encore le baiser de la joie jusqu'au fond du cœur?

L'union du moi et du vin est un poème. L'union du moi et de la femme est un poème. L'union du ciel et de la terre est un poème, mais le poème que nous avons entendu a paralysé notre entendement.

Notre chant dans la peine trop grande n'a pu être proféré. L'art à la trace de jade s'arrête. Les nuages passent, les nuages aux contours de roches, les nuages aux contours des pêches, et nous, pareils à des nuages nous passons, bourrés des vaines puissances de la douleur.

On n'aime plus le jour. Il hurle. On n'aime plus la nuit, hantée de soucis. Mille voix pour s'enfoncer. Nulle voix pour s'appuyer. Notre peau se fatigue de notre pâle visage.

L'événement est grand. La nuit aussi est grande, mais que peut-elle? Mille astres de la nuit n'éclairent pas un seul lit. Ceux qui savaient ne savent plus. Ils sautent avec le train, ils roulent avec la roue.

« Se garder soi dans le sien? » Vous n'y songez pas! La maison solitaire n'existe pas dans l'île aux perroquets. Dans la chute s'est montrée la scélératesse. Le pur n'est pas pur. Il montre son obstiné, son rancunier. Certains se manifestent dans les glapissements. D'autres se manifestent dans l'esquive. Mais la grandeur ne se manifeste pas.

L'ardeur en secret, l'adieu à la vérité, le silence de la dalle, le cri du poignardé, l'ensemble du repos glacé et des sentiments qui brûlent a été notre ensemble et la route du chien perplexe notre route.

Nous ne nous sommes pas reconnus dans le silence, nous ne nous sommes pas reconnus dans les hurlements, ni dans nos grottes, ni dans les gestes des étrangers. Autour de nous, la campagne est indifférente et le ciel sans intentions.

Nous nous sommes regardés dans le miroir de la mort. Nous nous sommes regardés dans le miroir du sceau insulté, du sang qui coule, de l'élan décapité, dans le miroir charbonneux des avanies.

Nous sommes retournés aux sources glauques.

LA VIE DANS LES PLIS

(1949)

LA SÉANCE DE SAC

> Je crache sur ma vie. Je m'en désolidarise.
> Qui ne fait mieux que sa vie?

Cela commença quand j'étais enfant. Il y avait un grand adulte encombrant.

Comment me venger de lui? Je le mis dans un sac. Là je pouvais le battre à mon aise. Il criait, mais je ne l'écoutais pas. Il n'était pas intéressant.

Cette habitude de mon enfance, je l'ai sagement gardée. Les possibilités d'intervention qu'on acquiert en devenant adulte, outre qu'elles ne vont pas loin, je m'en méfiais.

A qui est au lit, on n'offre pas une chaise.

Cette habitude, dis-je, je l'ai justement gardée, et jusqu'aujourd'hui gardée secrète. C'était plus sûr.

Son inconvénient — car il y en a un — c'est que grâce à elle, je supporte trop facilement des gens insupportables.

Je sais que je les attends au sac. Voilà qui donne une merveilleuse patience.

Je laisse exprès durer des situations ridicules et s'attarder mes empêcheurs de vivre.

La joie que j'aurais à les mettre à la porte *en réalité* est retenue au moment de l'action par les délices incomparablement plus grandes de les tenir prochainement dans le sac. Dans le sac où je les roue de coups impunément et avec une fougue à lasser dix hommes robustes se relayant méthodiquement.

Sans ce petit art à moi, comment aurais-je passé ma vie décourageante, pauvre souvent, toujours dans les coudes des autres?

Comment aurais-je pu la continuer des dizaines d'années à travers tant de déboires, sous tant de maîtres, proches ou lointains, sous deux guerres, deux longues occupations par un peuple en armes et qui croit aux quilles abattues, sous d'autres innombrables ennemis?

Mais l'habitude libératrice me sauva. De justesse il est vrai, et je résistai au désespoir qui semblait devoir ne me laisser rien. Des médiocres, des raseuses, une brute dont j'eusse pu me défaire cent fois, je me les gardais pour la séance de sac.

LES ENVIES SATISFAITES

Je n'ai guère fait de mal à personne dans la vie. Je n'en avais que l'envie. Je n'en avais bientôt plus l'envie. J'avais satisfait mon envie.

Dans la vie on ne réalise jamais ce qu'on veut. Eussiez-vous par un meurtre heureux supprimé vos cinq ennemis, ils vous créeront encore des ennuis. Et c'est le comble, venant de morts et pour la mort desquels on s'est donné tant de mal. Puis il y a toujours dans l'exécution quelque chose qui n'a pas été parfait, au lieu qu'à ma façon je peux les tuer deux fois, vingt fois et davantage. Le même homme chaque fois me livre sa gueule abhorrée que je lui rentrerai dans ses épaules jusqu'à ce que mort s'ensuive, et, cette mort accomplie et l'homme déjà froid, si un détail m'a gêné, je le relève séance tenante et le rassassine avec les retouches appropriées.

C'est pourquoi dans le réel, comme on dit, je ne fais de mal à personne; même pas à mes ennemis.

Je les garde pour mon spectacle, où, avec le soin et le désintéressement voulu (sans lequel il n'est pas d'art), et avec les corrections et les répétitions convenables, je leur fais leur affaire.

Aussi très peu de gens ont-ils eu à se plaindre de moi, sauf s'ils sont grossièrement venus se jeter dans mon chemin. Et encore...

Mon cœur, vidé périodiquement de sa méchanceté, s'ouvre à la bonté et l'on pourrait presque me confier une fillette quelques heures. Il ne lui arriverait sans doute rien de fâcheux. Qui sait? Elle me quitterait même à regret...

LA MITRAILLEUSE A GIFLES

C'est dans la vie de famille, comme il fallait s'y attendre, que je réalisai la mitrailleuse à gifles. Je la réalisai, sans l'avoir méditée. Ma colère tout à coup se projeta hors ma main, comme un gant de vent qui en serait sorti, comme deux, trois, quatre, dix gants, des gants d'effluves qui, spasmodiquement, et terriblement vite se précipitèrent du bout de mes doigts, vers la tête odieuse qu'elles atteignirent sans tarder.

Ce dégorgement répété de la main était étonnant. Ce n'était vraiment plus une gifle, ni deux. Je suis d'un naturel réservé et ne m'abandonne que pour le précipice de la rage.

Véritable éjaculation de gifles, éjaculation en cascade et à soubresauts, ma main restant rigoureusement immobile.

Ce jour-là, je touchai la magie.

Un sensible eût pu voir quelque chose. Cette sorte d'ombre électrique jaillissant spasmodiquement de l'extrémité de ma main, rassemblée et se reformant en *un instant*.

Pour être tout à fait franc, la cousine qui m'avait

raillé venait d'ouvrir la porte et de sortir, quand réalisant brusquement la honte de l'offense, je répondis *à retardement* par une volée de gifles qui, véritablement, *s'échappèrent* de ma main.

J'avais trouvé la mitrailleuse à gifles, si je puis dire, mais rien ne le dit mieux.

Ensuite, je ne pouvais plus voir cette prétentieuse sans que gifles comme guêpes ne filassent de ma main vers elle.

Cette découverte valait bien d'avoir subi ses odieux propos. C'est pourquoi je conseille parfois la tolérance à l'intérieur de la famille.

QU'IL REPOSE EN RÉVOLTE

Dans le noir, dans le soir sera sa mémoire
dans ce qui souffre, dans ce qui suinte
dans ce qui cherche et ne trouve pas
dans le chaland de débarquement qui crève sur la
grève
dans le départ sifflant de la balle traceuse
dans l'île de soufre sera sa mémoire.

Dans celui qui a sa fièvre en soi, à qui n'importent
les murs
dans celui qui s'élance et n'a de tête que contre les
murs
dans le larron non repentant
dans le faible à jamais récalcitrant
dans le porche éventré sera sa mémoire.

Dans la route qui obsède
dans le cœur qui cherche sa plage
dans l'amant que son corps fuit
dans le voyageur que l'espace ronge

Dans le tunnel

dans le tourment tournant sur lui-même
dans l'impavide qui ose froisser le cimetière.

Dans l'orbite enflammée des astres qui se heurtent en éclatant
dans le vaisseau fantôme, dans la fiancée flétrie
dans la chanson crépusculaire sera sa mémoire.

Dans la présence de la mer
dans la distance du juge
dans la cécité
dans la tasse à poison.

Dans le capitaine des sept mers
dans l'âme de celui qui lave la dague
dans l'orgue en roseau qui pleure pour tout un peuple
dans le jour du crachat sur l'offrande.

Dans le fruit d'hiver
dans le poumon des batailles qui reprennent
dans le fou dans la chaloupe

Dans les bras tordus des désirs à jamais inassouvis sera sa mémoire.

PORTRAIT DES MEIDOSEMS

D'ailleurs, comme toutes les Meidosemmes, elle ne rêve que d'entrer au Palais de Confettis.

◇

Et pendant qu'il la regarde, il lui fait un enfant d'âme.

◇

L'horloge qui bat les passions dans l'âme des Meidosems s'éveille. Son temps s'accélère. Le monde alentour se hâte, se précipite, allant vers un destin soudain marqué.

Le couteau qui travaille par spasmes attaque, et le bâton qui baratte le fond s'agite violemment.

◇

Trente-quatre lances enchevêtrées peuvent-elles composer un être? Oui, un Meidosem. Un Meidosem souffrant, un Meidosem qui ne sait plus où se mettre, qui ne sait plus comment se tenir, comment faire face, qui ne sait plus être qu'un Meidosem.

Ils ont détruit son « un ».

Mais il n'est pas encore battu. Les lances qui doivent lui servir utilement contre tant d'ennemis, il se les est passées d'abord à travers le corps.

Mais il n'est pas encore battu.

◇

Ils prennent la forme de bulles pour rêver, ils prennent la forme de lianes pour s'émouvoir.

Appuyée contre un mur, un mur du reste que personne ne reverra jamais, une forme faite d'une corde longue est là. Elle s'enlace.

C'est tout. C'est une Meidosemme.

Et elle attend, légèrement affaissée, mais bien moins que n'importe quel cordage de sa dimension appuyé sur lui-même.

Elle attend.

Journées, années, venez maintenant. Elle attend.

◇

Sur ses longues jambes fines et incurvées, grande, gracieuse Meidosemme.

Rêve de courses victorieuses, âme à regrets et projets, âme pour tout dire.

Et elle s'élance, éperdue, dans un espace qui la boit sans s'y intéresser.

◇

Ces centaines de fils parcourus de tremblements électriques, spasmodiques, c'est avec cet incertain treillis pour face que le Meidosem angoissé essaie de considérer avec calme le monde massif qui l'environne.

C'est avec quoi il va répondre au monde, comme une grelottante sonnerie répond.

Tandis que secoué d'appels, frappé, et encore frappé, appelé et encore appelé, il aspire à un dimanche, un dimanche vrai, jamais arrivé encore.

◇

Dans la glace, les cordons de ses nerfs sont dans la glace.

Leur promenade y est brève, travaillée d'élancements, de barbes d'acier sur le chemin du retour au froid du Néant.

La tête crève, les os pourrissent. Et les chairs, qui parle encore de chairs? Qui s'attend encore à des chairs?

Cependant, il vit.

L'horloge roule, l'heure s'arrête. Le boyau du drame, il y est.

Sans avoir à y courir, il y est...

Le marbre sue, l'après-midi s'enténèbre.

Cependant, il vit...

◇

Une gale d'étincelles démange un crâne douloureux. C'est un Meidosem. C'est une peine qui court. C'est une fuite qui roule. C'est l'estropié de l'air qui s'agite, éperdu. Ne va-t-on pas pouvoir l'aider?

Non!

◇

Il dort à cheval dans sa peine immense. Son chemin est l'horizon circulaire et la Tour percée du ciel astronomique.

Son horizon inaperçu élargit les autres Meidosems, qui disent « Qu'est-ce qu'il y a? Qu'est-ce qu'il y a donc?... » et sentent de l'étrange, de l'agrandissement à son approche.

Et cependant, il dort à cheval dans sa peine immense...

◇

D'une brume à une chair, infinis les passages en pays meidosem...

◇

Des coulées d'affection, d'infection, des coulées de l'arrière-ban des souffrances, caramel amer d'autrefois, stalagmites lentement formées, c'est avec ces coulées-là qu'il marche, avec elles qu'il appréhende, membres spongieux venus de la tête, percés de mille petites coulées transversales, d'un sang extravasé, crevant les artérioles, mais ce n'est pas du sang, c'est le sang des souvenirs, du percement de l'âme, de la fragile chambre centrale, luttant dans l'étoupe, c'est l'eau rougie de la vaine mémoire, coulant sans dessein, mais non sans raison en ses boyaux petits qui partout fuient; infime et multiple crevaison.

Un Meidosem éclate. Mille veinules de sa foi en lui éclatent. Il tombe et retombe en de nouvelles pénombres, en de nouveaux étangs.

Qu'il est difficile de marcher ainsi...

◇

Le visage qui porte des chaînes, le voici.

Le chapelet de mailles le tient par les yeux, s'enroule autour de son cou, retombe, arrache, le fait souffrir du poids des mailles uni au poids de l'esclavage.

La longue ombre qu'il projette en avant en dit long là-dessus.

Temps! Oh! Le temps! Tout le temps qui est le tien, qui eût été le tien...

VIEILLESSE DE POLLAGORAS

> Je voudrais bien savoir pourquoi je suis toujours le cheval que je tiens par la bride.

Avec l'âge, dit Pollagoras, je suis devenu semblable à un champ sur lequel il y a eu bataille, bataille il y a des siècles, bataille hier, un champ de beaucoup de batailles.

Des morts, jamais tout à fait morts, errent en silence ou reposent. On pourrait les croire dégagés du désir de vaincre.

Mais soudain ils s'animent, les couchés se relèvent, et tout armés attaquent. Ils viennent de rencontrer le fantôme de l'adversaire d'autrefois qui lui-même, secoué, tout à coup se précipite en avant fiévreusement, sa parade prête, obligeant mon cœur surpris à accélérer son mouvement en ma poitrine et en mon être renfrogné qui s'anime à regret.

Entre eux ils livrent leurs batailles, sans jamais s'interférer aux précédentes, ou aux suivantes, dont inconnus et paisibles circulent les héros, jusqu'à ce que rencontrant à leur tour leur contemporain adversaire, ils se redressent en un instant et foncent irrésistiblement au combat.

C'est ainsi, dit Pollagoras, que j'ai de l'âge, par cette accumulation.

Encombré de batailles déjà livrées, horloge de scènes de plus en plus nombreuses qui *sonnent*, tandis que je me voudrais ailleurs.

Ainsi, tel un manoir livré au Poltergeist, je vis sans vivre, lieu de hantises qui ne m'intéressent plus, quoiqu'elles se passionnent encore et se refassent tumultueusement en un fébrile dévidement que je ne puis paralyser.

◇

La sagesse n'est pas venue, dit Pollagoras. La parole s'étrangle davantage, mais la sagesse n'est pas venue.

Comme une aiguille sismographique mon attention, la vie durant, m'a parcouru sans me dessiner, m'a tâté sans me former.

A l'aurore de la vieillesse, devant la plaine de la Mort, je cherche encore, je cherche toujours, dit Pollagoras, le petit barrage lointain en mon enfance par ma fierté édifié, tandis qu'avec des armes molles et un infime bouclier, je circulais entre les falaises d'adultes obscurs.

Petit barrage que je fis, croyant bien faire, croyant merveille faire, et me placer en forteresse non délogeable. Petit barrage trop solide que ma résistance fit.

Et il n'est pas le seul.

Combien n'en bétonnai-je pas au temps de ma défense folle, dans mes années effrayées.

Il faut que je les dépiste tous à présent, recouverts de fibres vivantes.

Ma vie fléchissante qui n'a plus qu'un filet cherche, avide, les torrents qui se gaspillent encore, et l'œuvre magnifique du courageux petit bâtisseur doit être ruinée pour le bénéfice du vieil avare attaché à la vie.

PASSAGES

(1950)

EN PENSANT AU PHÉNOMÈNE DE LA PEINTURE

La volonté, mort de l'Art.

Dessinez sans intention particulière, griffonnez machinalement, il apparaît presque toujours sur le papier des visages.

Menant une excessive vie faciale, on est aussi dans une perpétuelle fièvre de visages.

Dès que je prends un crayon, un pinceau, il m'en vient sur le papier l'un après l'autre dix, quinze, vingt. Et sauvages, la plupart.

Est-ce moi, tous ces visages? Sont-ce d'autres? De quels fonds venus?

Ne seraient-ils pas simplement la conscience de ma propre tête réfléchissante? (Grimaces d'un visage second, de même que l'homme adulte qui souffre a cessé par pudeur de pleurer dans le malheur pour être plus souffrant dans le fond, de même il aurait cessé de grimacer pour devenir intérieurement plus grimaçant.) Derrière le visage aux traits immobiles, déserté, devenu simple masque, un autre visage supérieurement mobile bouillonne, se contracte, mijote dans un insupportable paroxysme. Derrière les traits figés, cherchant désespérément une issue, les expressions comme une bande de chiens hurleurs...

Du pinceau et tant bien que mal, en taches noires, voilà qu'ils s'écoulent : ils se libèrent.

On est surpris, les premières fois.

Faces de perdus, de criminels parfois, ni connues ni absolument étrangères non plus (étrange, lointaine correspondance!)... Visages des personnalités sacrifiées, des « moi » que la vie, la volonté, l'ambition, le goût de la rectitude et de la cohérence étouffa, tua. Visages qui reparaîtront jusqu'à la fin (c'est si dur d'étouffer, de noyer définitivement).

Visages de l'enfance, des peurs de l'enfance dont on a perdu plus la trame et l'objet que le souvenir, visages qui ne croient pas que tout a été réglé par le passage à l'âge adulte, qui craignent encore l'affreux retour.

Visages de la volonté, peut-être, qui toujours nous devance et tend à préformer toute chose : visages aussi de la recherche et du désir.

Ou sorte d'épiphénomène de la pensée (un des nombreux que l'effort pensant ne peut s'interdire de provoquer, quoique parfaitement inutile à l'intellection, mais dont on ne peut pas plus s'empêcher que de faire de vains gestes au téléphone)... comme si l'on formait constamment en soi un visage fluide, idéalement plastique et malléable, qui se formerait et se déformerait correspondément aux idées et aux impressions qu'elles modèlent par automatisme en une instantanée synthèse, à longueur de journée et en quelque sorte cinématographiquement.

Foule infinie : notre clan.

Ce n'est pas dans la glace qu'il faut se considérer.

Hommes, regardez-vous dans le papier.

DESSINER L'ÉCOULEMENT DU TEMPS

... Au lieu d'une vision à l'exclusion des autres, j'eusse voulu dessiner les moments qui bout à bout font la vie, donner à voir la phrase intérieure, la phrase sans mots, corde qui indéfiniment se déroule sinueuse, et, dans l'intime, accompagne tout ce qui se présente du dehors comme du dedans.

Je voulais dessiner la conscience d'exister et l'écoulement du temps. Comme on se tâte le pouls. Ou encore, en plus restreint, ce qui apparaît lorsque, le soir venu, repasse (en plus court et en sourdine) le film impressionné qui a subi le jour.

Dessin cinématique.

Je tenais au mien, certes. Mais combien j'aurais eu plaisir à un tracé fait par d'autres que moi, à le parcourir comme une merveilleuse ficelle à nœuds et à secrets, où j'aurais eu leur vie à lire et tenu en main leur parcours.

Mon film à moi n'était guère plus qu'une ligne ou deux ou trois, faisant par-ci par-là rencontre de quelques autres, faisant buisson ici, enlacement là, plus loin livrant bataille, se roulant en pelote ou — sentiments et monuments mêlés naturellement — se dressant, fierté, orgueil, ou château ou tour... qu'on pouvait voir, qu'il me semblait qu'on aurait dû voir, mais qu'à vrai dire presque personne ne voyait.

JOUER AVEC LES SONS

... Quelle étrange chose au début, ce courant qui se révèle, cet inattendu liquide, ce passage porteur, en soi, toujours et *qui était*.

On ne reconnaît plus d'entourage (le dur en est parti).

On a cessé de se heurter aux choses. On devient capitaine d'un FLEUVE...

On est pris d'une étrange et dangereuse propension aux bons sentiments. Tout est pente. Les moyens déjà sont paradis.

On ne trouve pas les freins; ou pas aussi vite qu'on ne trouve le merveilleux...

On met en circulation une monnaie d'eau.

Comme une cloche sonnait un malheur, une note, une note n'écoutant qu'elle-même, une note à travers tout, une note basse comme un coup de pied dans le ventre, une note âgée, une note comme une minute qui aurait à percer un siècle, une note tenue à travers le discord des voix, une note comme un avertissement de mort, une note, cette heure durant m'avertit.

Dans ma musique, il y a beaucoup de silence.
Il y a surtout du silence.
Il y a du silence avant tout qui doit prendre place.
Le silence est ma voix, mon ombre, ma clef... signe sans m'épuiser, qui puise en moi.
Il s'étend, il s'étale, il me boit, il me consomme.
Ma grande sangsue se couche en moi.

Quand rien ne vient, il vient toujours du temps,
du temps,
sans haut ni bas,
du temps,
sur moi,
avec moi,
en moi,
par moi,
passant ses arches en moi qui me ronge et attends.

Le Temps.
Le Temps.
Je m'ausculte avec le Temps.
Je me tâte.
Je me frappe avec le Temps.
Je me séduis, je m'irrite...
Je me trame,
Je me soulève,
Je me transporte,
Je me *frappe* avec le Temps...

Oiseau-pic.
Oiseau-pic.
Oiseau-pic.

◇

Qu'est-ce que je fais?
J'appelle.
J'appelle.
J'appelle.
Je ne sais qui j'appelle.
Qui j'appelle ne sait pas.
J'appelle quelqu'un de faible,
quelqu'un de brisé,
quelqu'un de fier que rien n'a pu briser.
J'appelle.
J'appelle quelqu'un de là-bas,
quelqu'un au loin perdu,
quelqu'un d'un autre monde.
(C'était donc tout mensonge, ma solidité?)
J'appelle.
Devant cet instrument si clair,
ce n'est pas comme ce serait avec ma voix sourde.
Devant cet instrument chantant qui ne me juge pas,
qui ne m'observe pas,
perdant toute honte, j'appelle,
j'appelle,
j'appelle du fond de la tombe de mon enfance
qui boude et se contracte encore,
du fond de mon désert présent,
j'appelle,
j'appelle.

L'appel m'étonne moi-même.
Quoique ce soit tard, j'appelle.
Pour crever mon plafond
sans doute
surtout
j'appelle.

. . . .

◇

Marquée par la cassure d'un mal profond, une mélodie, qui est mélodie comme un vieux lévrier borgne et rhumatisant est encore un lévrier, une mélodie

Sortie peut-être du drame du microséisme d'une minute ratée dans une après-midi difficile, une mélodie défaite, et retombant sans cesse en défaite

Sans s'élever, une mélodie, mais acharnée aussi à ne pas céder tout à fait, comme retenu par ses racines braquées, le palétuvier bousculé par les eaux

Sans arriver à faire le paon, une mélodie, une mélodie pour moi seul, me confier à moi, éclopée pour m'y reconnaître, sœur en incertitude

Indéfiniment répétée, qui lasserait l'oreille la plus acquiesçante, une mélodie pour radoter entre nous, elle et moi, me libérant de ma vraie bredouillante parole, jamais dite encore

Une mélodie pauvre, pauvre comme il en faudrait au mendiant pour exprimer sans mot dire sa misère et toute la misère autour de lui et tout ce qui répond misère à sa misère, sans l'écouter

Comme un appel au suicide, comme un suicide commencé, comme un retour toujours au seul recours : le suicide, une mélodie

Une mélodie de rechutes, mélodie pour gagner du temps, pour fasciner le serpent, tandis que le front inlassé cherche toujours, vainement, son Orient
Une mélodie...

◇

Le mal, c'est le rythme des autres.

. . . .

Contre Versailles
Contre Chopin
Contre l'Alexandrin
Contre Rome
Contre Rome
Contre le juridique
Contre le théologique
Contre Rome
Tam-tam à la critique
Tam-tam broiement
Tam-tam toupie
debout le dos tourné à la tombe
sans dynastie sans évêché
sans tutélaires sans paralyseurs
sans caresses sans s'incliner
Tam-tam de la poitrine de la terre
Tam-tam des hommes le cœur semblable à des coups de poing
Contre Bossuet
Contre l'analyse
Contre la chaire de Vérité
Pour casser

Pour contrer
Pour contrecarrer
Pour pilonner
Pour accélérer
Pour précipiter
Pour jeter à bas
Pour quitter le chantier
Pour rire dans le brasier
Pour dévaler
Pour dévaler
Contre la harpe
Contre les sœurs de la harpe
Contre les draperies
Pour dévaler
Pour dévaler

Pour dévaler
Pour dévaler

Contre le Nombre d'Or.

LECTURE

(1950)

LECTURE[1]

I

Lentement
de l'autre côté
lentement voguent les poissons
croiseurs de la méditation de la faim

Ceux de l'obstacle de l'air regardent
étrangers
ceux de l'obstacle de l'eau

Que d'amitiés se perdent parce qu'on n'a pas de
branchies!

Le rêve de vie complète
muette
s'accomplit dans les gouttes
sphères
repoussant des sphères

Dans l'espace sans coude
avec des airs graves de préséance observée

1. De deux lithographies de Zao-Wou-Ki.

modelant et remodelant leur forme
comme une vertu
sous la douce pression des invisibles fuseaux aqueux
les placides impérialisent

Il existe encore des souverains!

Souverains? De leur longue ligne latérale auditive
sans cesse il leur faut écouter sans cesse
les signes atténués qui leur viennent du dehors

Une ombre dans le poudroiement les assombrit
la belle demeure d'eau est cernée.

II

Des arbres affairés cherchent
leurs branches qui s'arrachent
qui éclatent
et tombent
des arbres affolés
traqués
des arbres comme des systèmes nerveux ensanglantés

Mais pas d'être humain dans ce drame.

L'homme modeste ne dit pas « Je suis malheureux »
L'homme modeste ne dit pas « Nous souffrons
Les nôtres meurent
Le peuple est sans abri »
Il dit : « Nos arbres souffrent. »

FACE AUX VERROUS

(1954)

MOUVEMENTS [1]

Contre les alvéoles
contre la colle
la colle les uns les autres
le doux les uns les autres

Cactus!
Flammes de la noirceur
impétueuses
mères des dagues
racines des batailles s'élançant dans la plaine

Course qui rampe
rampement qui vole
unité qui fourmille
bloc qui danse

Un défenestré enfin s'envole
un arraché de bas en haut
un arraché de partout
un arraché jamais plus rattaché

1. Écrit sur des signes représentant des mouvements.

Homme arc-bouté
homme au bond
homme dévalant
homme pour l'opération éclair
pour l'opération tempête
pour l'opération sagaie
pour l'opération harpon
pour l'opération requin
pour l'opération arrachement

Homme non selon la chair
mais par le vide et le mal et les flammes intestines
et les bouffées et les décharges nerveuses
et les revers
et les retours
et la rage
et l'écartèlement
et l'emmêlement
et le décollage dans les étincelles

Homme non par l'abdomen et les plaques fessières
mais par ses courants, sa faiblesse qui se redresse aux chocs
ses démarrages
homme selon la lune et la poudre brûlante et la kermesse en soi du mouvement des autres
selon la bourrasque et le chaos jamais ordonné
homme, tous pavillons dehors, claquant au vent bruissant de ses pulsions
homme qui rosse le perroquet
qui n'a pas d'articulations
qui ne fait pas d'élevage
homme-bouc

homme à crêtes
à piquants
à raccourcis
homme à huppe, galvanisant ses haillons
homme aux appuis secrets, fusant loin de son avilissante vie

Désir qui aboie dans le noir est la forme multiforme de cet être

Élans en ciseaux
en fourches
élans rayonnés
élans sur toute la Rose des vents

Au vacarme
au rugissement, si l'on donnait un corps...
Aux sons du cymbalum, à la foreuse perçante
aux trépignements adolescents qui ne savent encore
ce que veut leur poitrine qui est comme si elle allait éclater
aux saccades, aux grondements, aux déferlements
aux marées de sang dans le cœur
à la soif
à la soif surtout
à la soif jamais étanchée
si l'on donnait un corps...

Ame du lasso
de l'algue
du cric, du grappin et de la vague qui gonfle
de l'épervier, du morse, de l'éléphant marin
âme triple

âme excentrée
âme énergumène
âme de larve électrisée venant mordre à la surface
âme des coups et des grincements de dents
âme en porte à faux toujours vers un nouveau redressement

Abstraction de toute lourdeur
de toute langueur
de toute géométrie
de toute architecture
abstraction faite, VITESSE!

Mouvements d'écartèlement et d'exaspération intérieure plus que mouvements de la marche
mouvements d'explosion, de refus, d'étirement en tous sens
d'attractions malsaines, d'envies impossibles
d'assouvissement de la chair frappée à la nuque
Mouvements sans tête
A quoi bon la tête quand on est débordé?
Mouvements des replis et des enroulements sur soi-même en attendant mieux
mouvements des boucliers intérieurs
mouvements à jets multiples
mouvements à la place d'autres mouvements
qu'on ne peut montrer, mais qui habitent l'esprit
de poussières
d'étoiles
d'érosion
d'éboulements
et de vaines latences

Fête de taches, gamme des bras
mouvements
on saute dans le « rien »
efforts tournants
étant seul, on est foule
Quel nombre incalculable s'avance
ajoute, s'étend, s'étend!
Adieu fatigue
adieu bipède économe à la station de culée de pont
le fourreau arraché
on est autrui
n'importe quel autrui
On ne paie plus tribut
une corolle s'ouvre, matrice sans fond
La foulée désormais a la longueur de l'espoir
le saut a la hauteur de la pensée
on a huit pattes s'il faut courir
on a dix bras s'il faut faire front
on est tout enraciné, quand il s'agit de tenir
Jamais battu
toujours revenant
nouveau revenant
tandis qu'apaisé le maître du clavier feint le sommeil

Taches
taches pour obnubiler
pour rejeter
pour désabriter
pour instabiliser
pour renaître
pour raturer
pour clouer le bec à la mémoire
pour repartir

Bâton fou
boomerang qui sans cesse revient
revient torrentiellement
à travers d'autres
reprendre son vol

Gestes de la vie ignorée
de la vie impulsive
et heureuse à se dilapider
de la vie saccadée, spasmodique, érectile
de la vie à la diable, de la vie n'importe comment
de la vie

Gestes du défi et de la riposte
et de l'évasion hors des goulots d'étranglement
Gestes de dépassement
du dépassement
surtout du dépassement
Gestes qu'on sent, mais qu'on ne peut identifier
(*pré-gestes* en soi, beaucoup plus grands que le geste,
visible et pratique qui va suivre)

Emmêlements
attaques qui ressemblent à des plongeons
nages qui ressemblent à des fouilles
bras qui ressemblent à des trompes

Allégresse de la vie motrice
qui tue la méditation du mal
on ne sait à quel règne appartient
l'ensorcelante fournée qui sort en bondissant
animal ou homme

immédiat, sans pause
déjà reparti
déjà vient le suivant
instantané
comme en des milliers et des milliers de secondes
une lente journée s'accomplit

La solitude fait des gammes
le désert les multiplie
arabesques indéfiniment réitérées

Signes
non de toit, de tunique ou de palais
non d'archives et de dictionnaire du savoir
mais de torsion, de violence, de bousculement
mais d'envie cinétique

Signes de la débandade, de la poursuite et de l'emportement
des poussées antagonistes, aberrantes, dissymétriques
signes non critiques, mais déviation avec la déviation et course avec la course
signes non pour une zoologie
mais pour la figure des démons effrénés
accompagnateurs de nos actes et contradicteurs de notre retenue

Signes des dix mille façons d'être en équilibre dans ce monde mouvant qui se rit de l'adaptation
Signes surtout pour retirer son être du piège de la langue des autres
faite pour gagner contre vous, comme une roulette bien réglée

qui ne vous laisse que quelques coups heureux
et la ruine et la défaite pour finir
qui y étaient inscrites
pour vous, comme pour tous, à l'avance.

Signes non pour retour en arrière
mais pour mieux « passer la ligne » à chaque instant
signes non comme on copie
mais comme on pilote
ou, fonçant inconscient comme on est piloté

Signes, non pour être complet, non pour conjuguer
mais pour être fidèle à son « transitoire »
Signes pour retrouver le don des langues
la sienne au moins, que, sinon soi, qui la parlera?
Écriture directe enfin pour le dévidement des formes
pour le soulagement, le désencombrement des images
dont la place publique-cerveau est, en ces temps,
particulièrement engorgée

Faute d'aura, au moins éparpillons nos effluves.

AGIR, JE VIENS

Poussant la porte en toi, je suis entré
Agir, je viens
Je suis là
Je te soutiens
Tu n'es plus à l'abandon
Tu n'es plus en difficulté
Ficelles déliées, tes difficultés tombent
Le cauchemar d'où tu revins hagarde n'est plus
Je t'épaule
Tu poses avec moi
Le pied sur le premier degré de l'escalier sans fin
Qui te porte
Qui te monte
Qui t'accomplit

Je t'apaise
Je fais des nappes de paix en toi
Je fais du bien à l'enfant de ton rêve
Afflux
Afflux en palmes sur le cercle des images de l'apeurée
Afflux sur les neiges de sa pâleur
Afflux sur son âtre... et le feu s'y ranime

AGIR, JE VIENS

Tes pensées d'élan sont soutenues
Tes pensées d'échec sont affaiblies
J'ai ma force dans ton corps, insinuée
... et ton visage, perdant ses rides, est rafraîchi
La maladie ne trouve plus son trajet en toi
La fièvre t'abandonne

La paix des voûtes
La paix des prairies refleurissantes
La paix rentre en toi

Au nom du nombre le plus élevé, je t'aide
Comme une fumerolle
S'envole tout le pesant de dessus tes épaules accablées
Les têtes méchantes d'autour de toi
Observatrices vipérines des misères des faibles
Ne te voient plus
Ne sont plus

Équipage de renfort
En mystère et en ligne profonde
Comme un sillage sous-marin
Comme un chant grave
Je viens
Ce chant te prend
Ce chant te soulève
Ce chant est animé de beaucoup de ruisseaux
Ce chant est nourri par un Niagara calmé
Ce chant est tout entier pour toi

Plus de tenailles
Plus d'ombres noires

Plus de craintes
Il n'y en a plus trace
Il n'y a plus à en avoir
Où était peine, est ouate
Où était éparpillement, est soudure
Où était infection, est sang nouveau
Où étaient les verrous est l'océan ouvert
L'océan porteur et la plénitude de toi
Intacte, comme un œuf d'ivoire.

J'ai lavé le visage de ton avenir.

TRANCHES DE SAVOIR

Comme on détesterait moins les hommes s'ils ne portaient pas tous figure.

◇

A huit ans, je rêvais encore d'être agréé comme plante.

◇

« Venez céans », dit le squale, et il le mangea. Le squale était mangeur d'hommes, mais l'époque était polie.

◇

Dans le melon, un cœur battait.

◇

On ne voit pas les virgules entre les maisons, ce qui en rend la lecture si difficile et les rues si lassantes à parcourir.

La phrase dans les villes est interminable. Mais elle fascine, et les campagnes sont désertées des laboureurs autrefois courageux qui maintenant veulent se rendre compte par eux-mêmes du texte admirablement retors, dont tout le monde parle, si peu aisé à suivre, le plus souvent impossible.

Ce qu'ils tentent de faire pourtant, ces opiniâtres travailleurs, marchant sans arrêt, lapant au passage les maladies des égouts et la lèpre des façades, plutôt que le sens qui se dérobe encore. Drogués de misère et de fatigue, ils errent devant les étalages, égarant parfois leur but, leur recherche jamais... et ainsi s'en vont nos bonnes campagnes.

◇

Parmi les débris râpés de tout âge, le vent, à ce qu'il semble, ne vieillit pas.

◇

Attention au bourgeonnement! Écrire plutôt pour court-circuiter.

◇

Rêve chevalin : Cheval, ayant mangé son chariot, contemple l'horizon.

◇

Faites pondre le coq, la poule parlera.

◇

Les oreilles dans l'homme sont mal défendues. On dirait que les voisins n'ont pas été prévus.

◇

Taciturne en montagne, bavard en plaine.

◇

« Papa, fais tousser la baleine », dit l'enfant confiant.

◇

Ma vie : traîner un landau sous l'eau. Les nés-fatigués me comprendront.

◇

Le Thibétain, sans répondre, sortit sa trompe à appeler l'orage et nous fûmes copieusement mouillés sous de grands éclairs.

◇

On se sert au Siam de la docilité du tigre à écouter ses instincts cruels pour l'attirer sur un agneau bêlant au-dessus d'une fosse profonde où il périra ensuite, fumant de rage de s'être si sottement laissé deviner par des petits êtres, salauds et lâches, qui ne le valent en rien.

◇

Tout n'est pas dur chez le crocodile. Les poumons sont spongieux, et il rêve sur la rive.

◇

Avalez les rivets, le croiseur se désagrège et l'eau retrouve sa tranquillité.

◇

A chaque siècle sa messe. Celui-ci, qu'attend-il pour instituer une grandiose cérémonie du dégoût?

◇

Délire d'oiseau n'intéresse pas l'arbre.

◇

Selon mon expérience déjà longue, dit Soliair, l'Univers est une grande affaire superficielle et compliquée, qui apparaît dans une partie presque toujours la même de la journée, et dans ces moments si bien accrochée en apparence qu'on l'appelle « réalité ».

Elle semble en effet cohérente, mais pour peu de temps et elle redégringole vite dans l'abîme indifférent.

Dès lors, il ne faut plus nous pousser beaucoup pour que nous dormions à poings fermés.

◇

La tentation de coucher dans le lit de sa mère et de supprimer son père constitue le premier des pièges du Sphinx de la vie, à quoi il faut, cerveau à peine formé, savoir répondre, piège où ne manquent pas de se faire prendre les natures maladives destinées à ne jamais savoir apprécier les obstacles et à surestimer les jouissances. Le test présenté traîtreusement par la nature sera examiné plus tard, mais déjà le signe est là qu'ils seront toujours fascinables et en effet quinze, vingt ans plus tard on les voit inquiets, cherchant en arrière au lieu d'en avant, se confesser misérablement à des étrangers fureteurs, dont ils deviennent la proie médusée, en enfants, en enfants comme il fallait s'y attendre...

◇

Supposez les pensées, des ballons, l'anxieux s'y couperait encore.

◇

Qui cache son fou, meurt sans voix.

◇

Le phallus, en ce siècle, devient doctrinaire.

◇

Chaudron de pensées se prenant pour homme.

◇

Même si c'est vrai, c'est faux.

◇

Vie en commun : perte de soi, mais diminution des rébus.

◇

Qui chante en groupe mettra, quand on le lui demandera, son frère en prison.

◇

Qui laisse une trace, laisse une plaie.

◇

Qui a rejeté ses démons nous importune avec ses anges.

◇

En observant des séminaristes, bientôt docteurs en théologie, jouer à taper du pied sur un ballon de football, on est amené à remarquer qu'il est apparemment plus facile au tigre d'être totalement, dignement tigre, qu'il ne l'est pour l'homme, d'être homme.

◇

Après deux cents heures d'interrogatoire ininterrompu, Bossuet aurait avoué qu'il ne croyait pas en Dieu.

Quand il disait sa foi, il fallait répliquer « Non ». Quand il la redisait pour la millième fois, il fallait réclamer « Encore! Encore! » et lui faire raconter une nouvelle fois depuis le début, tout sans arrêt, toujours. On l'aurait vu s'effondrer, avouant, atteinte cette couche en soi, où ne vit plus aucune certitude.

Il eut la chance, cet évêque sûr de lui, de vivre à une époque où l'on ne savait pas vous interroger à fond. En parvenu il en profita, s'y prélassant.

Il lui fallait pourtant, comme à nous, beaucoup de repos pour avoir des idées. Sinon elles lui passaient, comme elles font. De vraies pensées, quoi! et si on les retrouve, c'est déjà très bien. Mais vous pouvez le lire et le relire : il ne se doutait de rien.

◇

Le cœur du sensible souffre trop pour aimer.

◇

L'intelligence, pour comprendre, doit se salir. Avant tout, avant même de se salir, il faut qu'elle soit blessée.

◇

C'est ce qui n'est pas homme autonr de lui qui rend l'homme humain. Plus sur terre il y a d'hommes, plus il y a d'exaspération.

◇

Qui gagne avec l'ordure prend un air dégagé.

◇

Un savant se lèvera plus promptement pour empêcher une porte de battre que pour s'opposer à un meurtre qui se fait sans grand bruit dans une pièce voisine. C'est qu'il sait le prix du silence, celui qui voue sa vie aux calculs et à la méditation. Aux éternels distraits, d'aller aux distractions...

◇

Ne faites pas le fier. Respirer c'est déjà être consentant. D'autres concessions suivront, toutes emmanchées l'une à l'autre. En voici une. Suffit, arrêtons-la.

MISÉRABLE MIRACLE

(1956)

AVEC LA MESCALINE

Dans un grand malaise, dans l'angoisse, dans une intérieure solennité. Chaque mot devenant dense, trop dense pour être désormais prononcé, mot plein en lui-même, mot dans un nid, tandis que le bruit du feu de bois dans la cheminée devient la seule présence, devient importante, préoccupante et étranges ses mouvements... Dans l'attente, dans une attente qui devient chaque minute plus chargée, plus écouteuse, plus indicible, plus douloureuse à porter... et jusqu'où va-t-on pouvoir la porter?

. . . .

Lointain, semblable au léger sifflement de la brise dans les haubans, annonciateur de tempêtes, un frisson, un frisson qui serait sans chair, sans peau, un frisson abstrait, un frisson en un atelier du cerveau, dans une zone où l'on ne peut frissonner en frissons. En quoi, alors, va-t-elle frissonner?

. . . .

Comme s'il y avait une ouverture, une ouverture qui serait un rassemblement, qui serait un monde, qui serait qu'il peut arriver quelque chose, qu'il peut arriver beaucoup de choses, qu'il y a foule, qu'il y a grouillement dans le possible, que toutes les possibilités sont atteintes de fourmillements, que la personne que j'entends vaguement marcher à côté pourrait sonner, pourrait entrer, pourrait mettre le feu, pourrait grimper au toit, pourrait se jeter en hurlant sur le pavé de la cour. Pourrait tout, n'importe quoi, sans choix et sans qu'une de ces actions ait la préférence sur l'autre. Pourrait, pourrait, pourrait.

◇

Tout à coup, mais précédé d'abord par un mot en avant-garde, un mot-estafette, un mot lancé par mon centre du langage alerté avant moi, comme ces singes qui sentent avant l'homme les tremblements de terre, précédé par le mot « aveuglant », tout à coup un couteau, tout à coup mille couteaux, tout à coup mille faux éclatantes de lumière, serties d'éclairs, immenses à couper des forêts entières, se jettent à trancher l'espace du haut en bas, à coups gigantesques, à coups miraculeusement rapides, que je dois accompagner, intérieurement, douloureusement, à la même insupportable vitesse, à ces mêmes hauteurs impossibles, et aussitôt après dans ces même abyssales profondeurs, en écarts de plus en plus excessifs, disloquants, fous... et quand est-ce que ça va finir... si ça va jamais finir?

◇

Des Himalayas surgissent brusquement plus hauts que la plus haute montagne, effilés, d'ailleurs de faux pics, des schémas de montagnes, mais pas moins hauts pour cela, triangles démesurés aux angles de plus en plus aigus jusqu'à l'extrême bord de l'espace, ineptes mais immenses...

... La machine à himalayer s'est arrêtée, puis reprend. De grands socs de charrue labourent. Des socs démesurés labourent sans raison de labourer. Des socs, de grandes faux qui fauchent le néant du haut en bas, à grands coups, cinquante, cent, cent cinquante fois...

... Et « Blanc » sort. Blanc absolu. Blanc par-dessus toute blancheur. Blanc de l'avènement du blanc. Blanc sans compromis, par exclusion, par totale éradication du non-blanc. Blanc fou, exaspéré, criant de blancheur. Fanatique, furieux, cribleur de rétine. Blanc électrique atroce, implacable, assassin. Blanc à rafales de blanc. Dieu du « blanc ». Non, pas un dieu, un singe hurleur. (Pourvu que mes cellules ne pètent pas.)

Arrêt du blanc. Je sens que le blanc va longtemps garder pour moi quelque chose d'outrancier.

. . . .

◇

Au bord d'un océan tropical, dans les mille miroitements de la lumière argentée d'une lune invisible, parmi les ondulations des eaux agitées, variant incessamment...

Parmi les déferlements silencieux, les trémulations de la nappe illuminée, dans le va-et-vient rapide martyrisant des taches de lumière, dans le déchirement de boucles et d'arcs et de lignes lumineuses, dans les occultations, les réapparitions, dans les dansants éclats, se déformant, se reformant, se contractant, s'étalant pour se redistribuer encore devant moi, avec moi, en moi, noyé et dans un insupportable froissement, mon calme violé mille fois par les langues de l'infini oscillant, sinusoïdalement envahi par la foule des lignes liquides, immense aux mille plis, *j'étais et je n'étais pas*, j'étais pris, j'étais perdu, j'étais dans la plus grande ubiquité. Les mille et mille bruissements étaient mes mille déchiquetages...

◇

... Je vois un sillon. Sillon avec balayages, petits, précipités, transversaux. Dedans un fluide, mercuriel par l'éclat, torrentiel par l'allure, électrique par la vitesse. Et on dirait aussi élastique. Pfitt, pfitt, pfitt, il file, montrant sur ses flancs d'infinis petits friselis. Je lui vois aussi des zébrures. Il y a que c'est torrentiel, il y a que ça déboule, il y a que ça éclate.

Où exactement ce sillon? C'est comme s'il me traversait le crâne, du front au sinciput. Pourtant je le vois. Sillon sans commencement ni fin, qui m'atteint en hauteur, et dont la largeur moyenne est sensiblement égale en bas comme en haut, sillon dont je dirais bien qu'il vient du bout du monde, qu'il me traverse pour repartir à l'autre bout du monde.

◇

Il y a hâte en moi. Il y a urgence [1].

1. Qu'arriverait-il si on administrait cet « accélérateur » à des animaux ralentis, au caméléon, au paresseux aï ou à une marmotte sortant d'hibernation?

Je voudrais. Je voudrais quoi que ce soit, mais vite. Je voudrais m'en aller. Je voudrais être débarrassé de tout cela. Je voudrais repartir à zéro. Je voudrais en sortir. Pas sortir par une sortie. Je voudrais un sortir multiple, en éventail. Un sortir qui ne cesse pas, un sortir idéal qui soit tel que, sorti, je recommence aussitôt à sortir.

Je voudrais me lever. Non, je voudrais me coucher, non, je voudrais me lever, tout de suite, non, je voudrais me coucher à l'instant, je veux me lever, je vais téléphoner, non, je ne téléphone pas. Si, il le faut absolument. Non, décidément je ne téléphone pas. Si, je téléphone. Non, je me couche. Ainsi dix fois, vingt fois, cinquante fois en quelques minutes vais-je décider, décider le contraire, revenir à la première décision, revenir à la seconde décision, reprendre à nouveau la première résolution, entièrement, fanatiquement, emporté comme pour une croisade, mais l'instant d'après totalement indifférent, inintéressé, parfaitement décontracté.

. . . .

◇

A coups de traits zigzagants, à coups de fuites transversales, à coups de sillages en éclairs, à coups de je ne sais quoi, toujours se reprenant, je vois se prononcer, se dérober, s'affirmer, s'assurer, s'abandonner, se reprendre, se raffermir, à coups de ponctuations, de répétitions, de secousses hésitantes, par lents dévoiements, par fissurations, par indiscernables glissements, je vois se former, se déformer, se redéformer, un édifice tressautant, un édifice en instance, en perpétuelle métamorphose et transsubstantiation, allant tantôt vers la forme d'une gigantesque larve, tantôt paraissant le premier projet d'un tapir immense et presque orogénique, ou le pagne encore frémissant d'un danseur noir effondré, qui va s'endormir. Mais du sommeil et avant même qu'il s'accomplisse, ressort magiquement l'édifice refondu aux articulations de gomme.

Le revoilà comme devant, aux étages qu'on ne peut compter, aux mille assises de briques spasmodiques, tremblante et oscillante ruine, bondé, bégayant, Bourouboudour.

. . . .

◊

D'île en île, de plus en plus, ralentissement. Radoucissement aussi. ... Une figure apparaît, si cela est une figure. Deux à trois cents rangs alternés d'yeux et de lèvres, plutôt des lippes, des lippes, des lippes, des lippes, des lippes, des lippes, des lippes et des yeux plutôt mongoloïdes, des yeux, des yeux, des yeux, des yeux, composaient cette figure, qui glissait sans fin de haut en bas, chaque rang du bas qui disparaissait, étant remplacé par d'autres rangs, qui apparaissaient, d'yeux bridés, d'yeux bridés, d'yeux bridés, ou de lippes larges, de lippes larges, de lippes larges, de lippes larges, de lippes larges, de lippes aux replis charnus de crête de coq mais pas du tout si rouges. Et étaient les yeux, indéchiffrables, très étroits sous les paupières lourdes et vastes et légèrement vibrantes. Et tout cela immensément rectangulaire et en somme tapis roulant, où profondeur et volume étaient totalement inapparents, on aurait plutôt dit une épaisseur égale partout, celle d'un confortable tapis où les yeux et les lèvres avaient peut-être la saillie, plutôt que le relief, de ventres de guêpes, de ventres innombrables qui y eussent été fixés et encore remuants. Et passait le tapis roulant aux yeux énigmatiques, dont on ne savait lequel considérer plutôt qu'un autre.

. . . .

◇

Ainsi, ce jour-là fut celui de la grande ouverture. Oubliant les images de pacotille qui du reste disparurent, cessant de lutter, je me laissai traverser par le fluide qui, pénétrant par le sillon, paraissait venir du bout du monde. Moi-même j'étais torrent, j'étais noyé, j'étais navigation. Ma salle de la constitution, ma salle des ambassadeurs, ma salle des cadeaux et des échanges où je fais entrer l'étranger pour un premier examen, j'avais perdu toutes mes salles avec mes serviteurs. J'étais seul, tumultueusement secoué comme un fil crasseux dans une lessive énergique. Je brillais, je me brisais, je criais jusqu'au bout du monde. Je frissonnais. Mon frissonnement était un aboiement. J'avançais, je dévalais, je plongeais dans la transparence, je vivais cristallinement.

Parfois un escalier de verre, un escalier en échelle de Jacob, un escalier de plus de marches que je n'en pourrais gravir en trois vies entières, un escalier aux dix millions de degrés, un escalier sans paliers, un escalier jusqu'au ciel, l'entreprise la plus formidable, la plus insensée depuis la tour de Babel, montait dans l'absolu. Tout à coup je ne le voyais plus. L'escalier qui allait jusqu'au ciel avait disparu comme bulles de champagne, et je continuais ma navigation précipitée, luttant pour ne pas rouler, luttant contre des succions et des tiraillements, contre des infiniment petits qui tressautaient, contre des toiles tendues et des pattes arquées.

Par moments, des milliers de petites tiges ambulacraires d'une astérie gigantesque se fixaient sur moi si intimement que je ne pouvais savoir si c'était elle qui devenait moi, ou moi qui étais devenu elle. Je me serrais, je me rendais étanche et contracté, mais tout ce qui se contracte ici promptement doit se relâcher, l'ennemi même se dissout comme sel dans l'eau, et de nouveau j'étais navigation, navigation avant tout, brillant d'un feu pur et blanc, répondant à mille cascades, à fosses écumantes et à ravinements virevoltants, qui me pliaient et me plissaient au passage. Qui coule ne peut habiter.

Le ruissellement qui en ce jour extraordinaire passa par moi était quelque chose de si immense, inoubliable, unique que je pensais, que je ne cessais de penser : « Une montagne malgré son inintelligence, une montagne avec ses cascades, ses ravins, ses pentes de ruissellements serait dans l'état où je me trouve, plus capable de me comprendre qu'un homme... »

EXPÉRIENCE DE LA FOLIE

... Les yeux fermés, j'observais en moi, comme sur un écran, ou comme sur un tableau de bord, les couleurs et les lignes cette fois démesurées de la Mescaline, apparaissant dans la vision intérieure, et l'agitation des images toujours si surprenante. Puis d'un coup tout s'efface. Je ne vis plus rien. J'avais glissé dans un fond. Une porte jusque-là ouverte venait de se fermer d'un coup, dans un silence absolu.

Quoi? Qu'est-ce qui se passe? L'état-major saisi au collet perd de vue ses troupes. Plus indéfendable qu'un bouchon tressautant dans une eau agitée, plus vulnérable qu'un garçonnet avançant contre une colonne de tanks qui débouchent sur la route.

Les vagues de l'océan mescalinien avaient fondu sur moi, me bousculant, me culbutant comme menu gravier : les mouvements, jusque-là dans ma vision, étaient maintenant *sur* moi. Ça n'avait pas duré dix secondes, et c'était fait. J'étais perdu.

Mais n'allons pas si vite. Le supplice doit durer des heures. Il n'a pas encore commencé...

... Innocent, en touriste, j'assiste aux premiers changements. J'assiste avec calme à l'agitation interne, bizarre, que je connais déjà, que je reconnais. Je note le commencement des effilochages, que sans doute, je vais bientôt voir, la sensation de bouche de cheval, et qu'à la fenêtre, aux rideaux pas entièrement tirés, c'est comme si s'agitaient là-bas de grands draps blancs éclatants.

Un début de respiration plus grave se forme en ma poitrine, prélude à une autre « attention ».

Des lignes, de plus en plus de lignes, que je ne sais si je vois réellement, quoique déjà distinctes et fines (que je sentirais alors?) que je commence à voir, (comme elles sont ténues, cette fois!) et amples leurs courbes, amples! Je note que par moments elles disparaissent et à nouveau leur amplitude vraiment extraordinaire pour leur minceur, et je sais que le blanc que je vais voir bientôt sera légèrement violet, quoique je ne voie toujours aucun autre ton que le gris léger, léger des énormes fils arachnéens qui hautement, rythmiquement, incessamment enjambent le vide...

... De grands Z passent en moi (zébrures-vibrations-zigzags?) Puis soit des S brisés, ou aussi, ce qui est peut-être leurs moitiés, des O incomplets, sortes de coquilles d'œufs géants qu'un enfant eût voulu dessiner sans jamais y parvenir.

Formes en œuf ou en S, elles commencent à gêner mes pensées, comme si elles étaient les unes et les autres de même nature.

Je suis à nouveau devenu un trajet, trajet dans le temps...

... Anesthésié au monde jouisseur de mon corps et à tout ce qui, il y a une heure encore, le remplissait continuellement, je ne sens plus que l'en avant. Devenu proue.

De temps à autre, je rencontre un formidable carrefour d'énervements, terrasse aux insupportables vents de l'esprit, et je commence à écrire presque sans m'en douter, sans y réfléchir, occupé à la transmission, ces mots, pourtant bien significatifs, mais que je ne reconnais pas « Trop! Trop! Vous m'en donnez trop! »

Les lignes se suivent presque sans arrêt. Des visages s'y glissent, des schémas de visages (plus souvent de profil) se prennent dans le tracé mouvant, s'y étirent, s'y tordent, semblables à ces têtes d'aviateurs soumis à une trop forte pression qui leur malaxe les joues, le front, comme on ferait avec du caoutchouc. Bien plus linéaires celles-ci, moins horribles, simplement grotesques. Ce qui devient gênant, c'est leur dimension, dimension de falaises, et qui avec les lignes sinusoïdales qui les emportent, a l'air de croître encore.

Hormis ces visages grotesques riant dans le vague, rien.

Ce sont les seuls navires que portent, et non *sur* elles, mais *en* elles, ces vagues démesurées.

Elles me quittent un instant. Un je ne sais quoi descend en une gouttière vertigineuse, mais cela ne dure pas et reviennent les lignes, les lignes, les damnées lignes d'écartèlement...

Et grandissent encore les lignes, je ne saurais les dessiner, même vaguement, le papier n'est plus à l'échelle. Je m'arrête, pose le crayon, écarte le papier et vais entreprendre autre chose.

... JE COULAI.

Ce fut une plongée instantanée. Je fermai les yeux pour retrouver les visions, mais c'était inutile, je le savais, c'était fini. J'étais coupé de ce circuit. Perdu dans une profondeur surprenante, je ne bougeais plus. Quelques secondes s'écoulèrent dans cette stupeur. Et soudain les vagues innombrables de l'océan mescalinien qui débouchaient sur moi me renversaient. Me renversaient, me renversaient, me renversaient, me renversaient, me renversaient. Ça n'allait plus finir, plus jamais. J'étais seul dans la vibration du ravage, sans périphérie, sans annexe, homme-cible qui n'arrive plus à rentrer dans ses bureaux.

Qu'avais-je fait? Plongeant, je m'étais rejoint, je crois, en mon fond, et coïncidais avec moi, non plus observateur-voyeur, mais moi revenu à moi et, là-dessus en plein sur nous, le typhon...

Ce que ça peut être atroce, atroce en essence, je ne trouve aucun moyen de le dire et me sens comme un faussaire de l'essayer.

Là où l'on n'est rien d'autre, que son être propre, c'était là. Là, follement vite, des centaines de lignes de force peignaient mon être, qui jamais assez vite n'arrivait à se reconstituer, qui au moment de se reconstituer, par un nouveau rang de lignes en râteau était ratissé, et puis encore, et puis encore. (Est-ce que ça va durer toute la vie, maintenant que c'est amorcé, maintenant que je me trouve dans le chemin par où *ça* passe?)

En un flash je me rappelais cette si remarquable allure des démentes échevelées, que non pas le vent seul rend ainsi ou les mains divagantes, ou l'incurie, mais l'impérative nécessité intérieure de traduire, au moins comme cela, le rapide, l'infernal peignage-dépeignage de leur être indéfiniment martyrisé, traversé, tréfilé.

Ainsi, et toujours à cette incessante, inhumaine

vitesse, j'étais assailli, percé par la taupe électrique forant son chemin dans le plus personnel de l'essence de ma personne.

Pris, non dans de l'humain, mais dans un frénétique agitateur mécanique, dans un malaxeur-broyeur-émietteur, traité comme métal dans une usine, comme eau dans une turbine, comme vent dans une soufflerie, comme racine dans une défibreuse automatique, comme masse de fer sous le mouvement infatigable de fraises d'acier à tailler des engrenages. Mais je devais veiller, moi!

Comme une fauvette dans le sillage tourbillonnant des hélices d'un quadrimoteur, comme une souris plaquée sous les eaux écrasantes d'une vanne d'écoulement, comme je ne sais quoi, comme personne.

Intense au-delà de l'intense, ce combat, moi actif, comme jamais, me dépassant miraculeusement, mais dépassé hors de toute proportion par le phénomène disloquant.

L'horreur était surtout en ce que je n'étais qu'une ligne. Dans la vie normale, on est une sphère, une sphère qui découvre des panoramas. On passe en château d'une minute à l'autre, on passe sans cesse d'un château à un nouveau château, telle est la vie de l'homme, même le plus pauvre, la vie de l'homme au mental sain.

Ici, seulement une ligne. Une ligne qui se brise en mille aberrations...

D'être devenu une ligne était catastrophique, mais c'était, si c'est possible, encore plus inattendu, prodigieux. Tout moi devait passer par cette ligne. Et par ses secousses épouvantables.

La métaphysique, saisie par la mécanique.

Par un même chemin, obligés de passer, moi, ma pensée et la vibration.

Moi uniquement une pensée, non la pensée devenue moi, ou se développant en moi, mais *moi rétréci à elle*.

Là-dessus arrivait la vibration désarticulatrice qui « refusait » la pensée et après quelques modulations, lesquelles étaient pour la pensée des déchiquetages, l'éliminait.

Les pensées luttaient furieusement, désespérément contre leur désintégration. Mais toujours elles étaient détruites. Ça ne tardait pas. Un bacille sous le rayonnement des sels de radium connaît cela, mais l'homme ne le connaît pas. Il en est préservé.

L'intimité de cela je ne le dirai jamais assez, et comme une idée est votre centre, et comme c'est destructible, maniable, désintégrable. Qui ne l'a connu ne peut savoir comme elles sont désintégrables.

Comme si mon esprit, devenu conducteur de je ne sais quelle électricité, venait d'être pris comme chemin désormais commode par des courants mortels pour la pensée. La foudre et moi nous devions passer ensemble.

Impossible de quitter le lit du terrible phénomène. Il n'y avait de chemin pour lui que justement par le centre de mon moi, lui presque tout, lui peigne trépidant, moi peu de chose sans une chance, sans cesse sous le cardage enragé. Les thalles d'une laminaire perpétuellement agitée par les eaux d'une mer bousculante sont en vacances, comparées à ce que j'étais. Moi, aucunes vacances ne m'étaient offertes, pas deux secondes de vacances.

Terrible, au-delà du terrible! Cependant, je n'éprouvais pas de terreur. Le combattant au feu a autre chose à faire. Je luttais sans arrêt. Je ne pouvais me permettre la terreur. Je n'avais pas assez de répit pour cela.

PAIX DANS LES BRISEMENTS

(1959)

l'espace a toussé sur moi
et voilà que je ne suis plus
les cieux roulent des yeux
des yeux qui ne disent rien
et ne savent pas grand-chose

de mille écrasements écrasé
allongé à l'infini
témoin d'infini
infini tout de même
mis à l'infini

patrie qui se propose
qui n'emploie pas mes deux mains
mais me broie mille mains
que je reconnais et pourtant ne connaissais
qui m'embrasse et par brassage
à moi me soustrait, m'ouvre et m'assimile

à l'essaim je retourne
des milliers d'ailes d'hirondelles tremblent sur ma vie

prisme

dans le prisme je me pose, j'ai séjour
temps de la solennité

je reçois les ondes qui donnent indifférence
impure et précaire la petite vie s'éloigne de la Vie
poussée des fantômes contre moi

sillon
la forme fendue d'un être immense
m'accompagne et m'est sœur
j'écoute les milliers de feuilles

l'impression suraiguë du malaise de moi
accompagne l'impression suraiguë de l'aise de moi
de l'aise vertigineuse
de l'aise à son extrême

un désir d'union
oh ce désir d'union

fluide, fertile
double du double
double de tout redoublement

pétales ouverts
pétales sans fin, parfumés du parfum de l'indicible
la fleur du perpétuel

fontaines
le pouls de la fenêtre s'éveille
le pouls lumineux du point du jour
éblouissant
éblouissant

. . . .

je sais
l'espace et l'espace mien qui me démange
continuellement bougeons et bouillonnons

ocelles
infini d'ocelles qui pullule
je me prête aux ocelles
aux infimes déchirures, aux volutes
je me plie aux mille plis qui me plient, me déplient
qui traîtreusement, vertigineusement, m'effilochent
je laisse en frissonnant tirer les sonnettes sans fin
qui sans cesse pour rien m'appellent

infini
infini qui au corps me travaille
et rit de mon fini
qui en frémissements éludants et par retraits
fait poussière de mon fini
infini qui m'étend
et sans effort, sans spectacle
de mes prises me dessaisit

Blanche vermine de broderies trop fines
qui court partout et ne se rend nulle part
trop fine, trop fine
qui m'étire
me mine
m'effile

espace
qui en dentelles éperdument m'horripile
me crible

et l'esprit m'épile

. . . .

traversé de troupeaux de paroxysmes...
vingt mille cascades coulent en moi

l'enfer devient laine

transport
une âme immense veut entrer dans mon âme
des îles incessamment chavirent dans mon océan
passages
passages à plis
passages pétillants
passages furieusement chiffonnés

on me lape
j'agonise
j'aime, j'épouse ma mort

dipht
dipht
dipht

je coule
on me laisse remourir encore

je coule
sable du sablier de mon temps
précipitamment s'effondrant
précipitamment
comme torrents de montagne

. . . .

il naît

il naît des commencements
trop
trop
trop vite
qui se répètent
et incessamment répètent
que je répète que « ça se répète »
et que je répète que je répète
que je répète que « ça se répète »
écho de l'écho de l'écho jamais éteint

trop
trop secoué pour dire
ne puis

présences multiples
enlace... entrelace... ce qui entrelace...
l'infini est serpent
cependant, le manteau de lumière, là,
presque... bientôt

une force
une force d'agrandissement heureux
effarante extension
une force jusqu'au bout du monde
comment calmer les ailes innombrables de la force
qui m'élève
qui m'élève de plus en plus?

paix
paix par graine broyée
je fais la paix

dans une douceur de soie

m'élevant sans privilèges
tous les feuillages des forêts de la terre
ont le frémissement
à l'unisson duquel je frissonne

un étrange allongement
un étrange prolongement
un dénuement surabondant
une continue lévitation
pourrai-je jamais redescendre?

sauf!

j'ai brisé la coquille
simple je sors du carcel de mon corps

l'air
l'au-delà de l'air est mon protecteur

l'inondation a soulevé mes fardeaux
l'abandon de l'empire de moi m'a étendu infiniment
plus n'ai besoin de mon cadavre
je ne vis plus que de la vie du temple

dans la région du primordial, le récitant se tait

celui qui est ici n'est plus revêtu
hors de son corps le désert l'approvisionne

le mal est immolé au bien
l'impur au pur
l'à-côté au droit

le nombre à l'unique
et le nom est immolé au sans nom
pureté m'enfante
j'ai passé la porte
je passe une nouvelle porte
sans bouger, je passe de nouvelles portes

l'eau qui m'enlève, plus légère que les eaux de la terre
enlève aussi les nuages épais
du firmament de mon âme

tremblement si petit en moi
qui m'entretient une si grande paix...

objet n'est plus obstacle
savoir, calcul n'est plus obstacle
mémoire n'est plus obstacle

j'ai laissé derrière moi le sot, le sûr, le compétiteur

à cause d'extrême minceur je passe
à cause d'une minceur
qui dans la nature n'a pas d'égale
le courant léger, omnipotent m'a dépouillé
mes déchets ne collent plus à moi

purifié des masses
purifié des densités
tous rapports purifiés dans le miroir des miroirs
éclairé par ce qui m'éteint
porté par ce qui me noie
je suis fleuve dans le fleuve qui passe

que la tentation ne me vienne plus de m'arrêter
de me fixer de me situer
que la tentation ne me vienne plus d'interférer
bienheureuses ondes d'égalisation
qui d'une arche solennelle surmontent chaque instant
ondes qui donnent diadème et plaie

une souffrance presque exquise
traverse mon cœur dans ma poitrine
liée au ciment aimant qui tient le monde fraternel
indivisé et proche jusqu'en son plus lointain
et tout enclos dans le sanctuaire

cependant qu'un froid extrême
saisit les membres de mon corps déserté
mon âme déchargée de la charge de moi
suit dans un infini qui l'anime et ne se précise pas
la pente vers le haut
vers le haut
vers toujours plus haut
la pente
comment ne l'avais-je pas encore rencontrée?
la pente qui aspire
la merveilleusement simple inarrêtable ascension.

QUI JE FUS (1927)

ECUADOR (1929)

MES PROPRIÉTÉS (1929)

UN CERTAIN PLUME (1930)

LA NUIT REMUE (1935)

VOYAGE EN GRANDE GARABAGNE (1936)

LOINTAIN INTÉRIEUR (1938)

PEINTURES (1939)

AU PAYS DE LA MAGIE (1941)

ÉPREUVES, EXORCISMES 1940-1944 (1945)

LA VIE DANS LES PLIS (1949)

PASSAGES (1950)

LECTURE (1950)

FACE AUX VERROUS (1954)

MISÉRABLE MIRACLE (1956)

PAIX DANS LES BRISEMENTS (1959)

ŒUVRES D'HENRI MICHAUX
1899-1984

Aux Éditions Gallimard

QUI JE FUS, 1927.

ECUADOR, 1929.

UN BARBARE EN ASIE, 1933.

LA NUIT REMUE, 1935.

VOYAGE EN GRANDE GARABAGNE, 1936.

PLUME *précédé de* LOINTAIN INTÉRIEUR, 1938.

AU PAYS DE LA MAGIE, 1941.

ARBRES DES TROPIQUES, 1942.

L'ESPACE DU DEDANS *(Pages choisies)*, 1944 (nouvelle édition en 1966).

ÉPREUVES, EXORCISMES *(1940-1944)*, 1946.

AILLEURS *(Voyage en Grande Garabagne – Au pays de la Magie – Ici, Poddema)*, 1948.

LA VIE DANS LES PLIS, 1949.

PASSAGES *(1937-1950)*, 1950 (nouvelle édition en 1963).

MOUVEMENTS, 1952.

FACE AUX VERROUS, 1954.

CONNAISSANCE PAR LES GOUFFRES, 1961.

LES GRANDES ÉPREUVES DE L'ESPRIT ET LES INNOMBRABLES PETITES, 1966.

FAÇONS D'ENDORMI, FAÇONS D'ÉVEILLÉ, 1969.

MISÉRABLE MIRACLE *(La mescaline)*, 1972.

MOMENTS, TRAVERSÉES DU TEMPS, 1973.

FACE À CE QUI SE DÉROBE, 1976.

CHOIX DE POÈMES, 1976.

POTEAUX D'ANGLE, 1981.

CHEMINS CHERCHÉS, CHEMINS PERDUS, TRANSGRESSIONS, 1982.

DÉPLACEMENTS, DÉGAGEMENTS, 1985.

AFFRONTEMENTS, 1986.

ŒUVRES COMPLÈTES, t. I, Bibliothèque de la Pléiade, 1998.

Aux Éditions Flinker

PAIX DANS LES BRISEMENTS, 1959.

VENTS ET POUSSIÈRES, 1962.

Aux Éditions du Mercure de France

L'INFINI TURBULENT, 1957.

À DISTANCE, 1997.

Aux Éditions Skira

ÉMERGENCES, RÉSURGENCES, 1972.

Ce volume,
le trois cent dix-neuvième de la collection Poésie,
a été reproduit photomécaniquement et imprimé
par l'imprimerie Bussière à Saint-Amand (Cher),
le 20 avril 2000.
Dépôt légal : avril 2000.
1er dépôt légal dans la collection : février 1998.
Numéro d'imprimeur : 1308.
ISBN 2-07-040465-X./Imprimé en France.

96256